다시 시작하기엔 너무 늦었다고 말하는 마흔에게

일러두기

- 본 도서는 국립국어원 표기 규정 및 외래어 표기 규정을 준수하였습니다.
- 도서명은 『 』, 콘텐츠, 테스트 명은 < >로 표기하였습니다.

다시 시작하기엔
너무 늦었다고 말하는
마흔에게

더 멋진 삶을 위해 진로 고민은 진행형

진희선 지음

영진미디어

목차

STEP 1. 여전히 진로 고민

STEP 2. 무엇부터 할까 고민된다면, 자기 이해

STEP 3. 생각이 바뀌는 마인드 세팅

STEP 4. 달라지고 싶다면, 주체적 삶 시작하기

STEP 5. 주체적인 삶을 일로 연결하기

NEXT STEP. 나다운 일을 시작한 여성들의 인터뷰

프롤로그.

커서 무엇이 되고 싶니?

"너는 커서 뭐가 되고 싶어?"라는 선생님의 질문에 "저는요, 선생님이 될 거예요!"라며 망설임 없이 이야기했다. 왜 하필 선생님이었을까? 장래 희망을 묻는 어른들의 질문이 어린 시절에는 난감하기도 했다. "어서 대답해 봐." 하며 답을 기다리는 어른들의 눈빛을 보면 "와! 어떻게 그런 생각을 했지? 대단하다." 하는 이야기를 들을 만큼 좋아 보이고, 멋져 보이는 직업을 말해야 할 것만 같았다.

나와 비슷한 경험을 한 강연가의 이야기가 와 닿았다. 장래 희망을 묻는 어른들에게 강연가는 "저는 정치인이 될 거예요."라고 대답하곤 했는데, 정치인이라고 말할 때 보이는 어른들의 놀라는 반응 때문이었다고 했다. 선생님이라는 직업을 말하는 어린 시절의 나도 어른들이 반응해 주는 꿈을 마음에 담았던 것은 아닐까? 마흔이 되어서도 여전히 꿈과 진로에 대해 고민한다. 어쩌면 당연한 일이다. 나보다 다른 사람의 의견을 더 중요하게 여겼던 결과일 테니 말이다.

진로를 정하느라 혹독하게 방황했던 나는 아이들에게 무엇이 되고 싶냐고 묻지 않는다. 대신 지금 무엇을 하고 싶은지 묻는다. 그리고 그것들을 어떻게 해나갈 것인지 함께 찾고 경험해 본다. 그 경험이 미래에 하고 싶은 것들을 상상하게 하는 초석이 되었으면 하는 바람에서다. 어떤 직업을 가질지보다 어떤 사람이 되고 싶은지 고민하는 것이 먼저다. 어떤 사람이 되고 싶냐는 질문을 어릴 적 한 번이라도 받아본 사람은 미래를 조금은 다른 방향으로 설정할 것이다. 어떤 사람으로 살아갈지, 어떤 방향의 삶을 계획할 것인지 생각해 본 사람은 진로를 계획할 때 사회적 기준에서의 좋은 직업보다는 삶을 잘 살아가기 위한 방향성에 초점을 두고 생각하게 될 것이다.

삶의 방향성을 생각하도록 도와준 하브루타havruta 1)와 인문학을 만날 수 있어 감사하다. 학창 시절부터 '무엇을 해야 할까?', '어떤 직업을 가질까?' 고민을 이어온 나에게 직업을 떠나 삶 자체를 돌아보는 시간과 성장을 위해 질문하고 답하는 성찰의 시간을 선물해 주었기 때문이다. 인문학으로부터 인간이라는 존재에 대해 생각하는 시간을 갖기도 하고, 앞으로 어떻게 살고 싶은가를 깊이 고민하게 되었다. 하브루타와 인문학을 통해 주체적 삶을 꾸려나가기 위해서는 끊임없는 자신과의 대화, 나를 향한 질문이 필요하다는 것을 알게 되었다. 스스로에게 질문을 잘하고 싶은

1) 유대인의 전통적 학습 방식. 두 명이 짝을 지어 논쟁을 통해 답을 찾는 방식을 의미한다.

마음에 배우기 시작했던 하브루타는 질문을 통해 내면의 단단함을 갖도록 해주었다. 매일 반복되는 삶도 관점만 달리하면 행복한 하루하루를 맞이할 수 있다는 것도 경험하게 되었다. 누군가가 제시한 정형화된 삶의 모습이 아닌 내가 꿈꾸고 원하는 방향으로 삶을 계획하며 살아가는 것이 내 삶을 더욱 풍성하게 만드는 것임을 느끼는 요즘이다.

어린 시설 납했던 '선생님'이라는 직업. 그 대답 때문이었을까? 지금의 나는 가르치는 일을 업으로 삼았다. 하지만 남들에게 인정을 받기 위해 선생님을 말했던 어릴적과 지금의 동기는 완전히 다르다. 지금의 동기는 '아는 것을 나누며 느끼는 즐거움', '청중과 주고받는 에너지'다. 타인의 인정보다 스스로가 중요하게 여기는 가치를 강사 일을 통해 성취하고 있기에 일을 지속하고 있다. 처음에는 외부에 둔 시선을 나를 향해 돌리는 것이 어려웠다. 지금도 여전히 흔들리고 돌아오는 과정을 반복하지만 금방 다시 제자리를 찾기 위해 나를 점검하는 시간을 갖는다. 나의 중심, 나의 방향성이 올바르게 설정되어 있으면 잠시 방황할지라도 제자리로 돌아올 수 있다.

이제야 내가 방황했던 이유를 알았다. 나보다 외부에 시선을 두고 외부의 기준과 나를 비교했다. 늘 부족한 사람이라고 느꼈기 때문에 조금 더 나아 보이는 직업을 선택하고 싶었다. 상황에 맞추어 만족하지 못하는 직업을 갖고 이내 좀 더 나은 직업을 갖기 위해 애쓰는 나의 모습은 위태로웠다. 여러 아르바이트를 경험하고 졸업 후에도 직업을 여러 번 바꾸었다. 그 과정에서 자존감은 바닥을 쳤다. 흔들리고 돌아오기를 반복하며 내가 무엇이 될 것인가보다는 내가 살고 싶은 삶, 즉 어떤 사람으로 살고 싶은지에 대해서 치열하게 고민해 보는 시간이 필요했다. 이것은 나뿐만 아니라 현재 진로 고민을 하는 여러분에게도 적용되는 것이다. 이것이 해결되지 않으면 결국은 다시 내가 결정한 삶의 경로를 이탈하여 흔들리기를 반복하며 도돌이표처럼 돌고 도는 진로 고민을 안고 살아가게 될 것이다.

앞으로 어떤 삶을 살고 싶은지, 내가 중요하게 여기는 가치가 무엇인지를 안다면 하고 싶은 일 또한 자연스럽게 찾아낼 수 있고, 타인이 부여한 기준의 직업이 아니기에 즐겁게 일하고 작은 성취의 경험으로 큰 성과를 내는 것 또한 가능하다. 그렇기에 진로를 고민하고 있다면 삶의 방향성을 설정하는 것이 우선이다. 삶의 방향성은 내가 무엇을 원하는지, 내가 어떤 사람인지 알 때 가능하다. 결국, 나를 이해하는 것을 바탕으로 내가 어떤 삶을 원하는지에 대한 방향성을 설정하는 것이다. 이 책에는 그 과정을 담았다. 이 책장을 덮을 때는 마흔에도 삶의 방향성을 설정하지 못하고 진로 미로에 갇힌 이들이 출구를 찾아갈 수 있기를 소망한다.

STEP 1.

여전히 진로 고민

마흔의 진로 고민

"이제 진짜 마흔이다.", "마흔이라니! 우리 정말 마흔 맞는 거야?", "여기저기 아파져 오기 시작하는 걸 보니 마흔이 맞는 것 같아." 마흔이 된 이후 친구와의 통화에서 빠질 수 없는 단골 멘트다. 마음은 20대 그대로인데. 친구들과 셀카도 찍고 맛있는 것도 먹으면서 까르르 웃을 수 있는 우리인데, 벌써 마흔이라니. 아직도 철부지 같기만 한 우리가 어른이라고 생각했던 나이, 마흔이 되었다. "평균수명이 120세라는데 아직 삼분의 일도 안 되었어. 산 날보다 살 날이 더 많다. "우리 아직도 30대로 보여." 이렇게 서로 위로 아닌 위로를 하며 잘살아 보자는 다짐을 한다. 마흔이라는 나이는 방황의 시작점이 되기도 하고 좀 더 의미 있게 살아보고 싶은 마음도 갖게 하는 인생 전환의 순간이기도 하다.

마흔 즈음의 우리는 결혼, 출산, 육아의 과업을 마치고 중년의 전환기 발달 시기로 진입하고 있다. 이전과는 다른 삶의 방식을 추구해야 하는 시기가 되었다. 마흔이라는 나이는 활발한 사회 초년생도, 퇴직을 준비하는 후반기의 삶도 아닌 중간에 위치한다. 온전한 시작도 끝맺음도 아닌 어정쩡하게 끼인 이 시기에는 방황을 하기 쉽다. 사춘기는 지났는데, 이제 한숨 돌리고 편안한 삶을 살 줄 알았던 마흔에 왜 방황을 하게 되는 걸까? 이 전환기에는 가정에서의 문제, 경력에 대한 문제, 지금까지 내가 만족하는 삶을 살아왔는지에 대한 고민이 한꺼번에 밀려온다. 방황과 고민에서만 끝나지 않고 깊게 '나'를 탐구해 보는 것은 어떨까. 마흔의 나는 지금 어떤 모습일까?

✦ 왜 다시 일하고 싶었을까?

살면서 누구나 한 번쯤은 변화의 순간을 맞이하게 된다. 변화의 계기는 다양할 것이다. 질병, 이직, 결혼, 출산, 육아, 누군가의 죽음 등이 찾아오면 바쁘게 달려오던 삶을 잠시 멈추고 자신과의 대화를 시작하게 된다. 그동안은 주어진 역할에 최선을 다해 살아왔던 사람들도 변화의 순간이 찾아오면 지금까지와는 다른 무언가를 선택해야 하는 것은 아닌지 혼란스럽다. 세상의 기준에 맞추어 선택했던 10대, 20대와 다르게 행복한 삶을 위해 나의 기준에 따라 선택해야 한다. 어떤 일을 하고 싶은지, 어떤 것을 시작하고 싶은지 말이다.

자신을 누구로 소개해야 할지 고민하게 된 엄마들은 점점 자신감을 잃어가게 된다. 신용카드 한 장도 내 이름으로 만들 수 없어 남편과 통화를 요구당한 경험이 있다. 그제야 나는 나의 현실을 직시하게 되었다. 나는 내 이름을 잃었다.

돈을 벌지 않는다고 뭐라고 하는 사람은 없었지만, 내게 필요한 것들을 사다 보면 스스로 위축되는 경우가 많다. 아이들 학원비, 생활비가 늘어가면서 나에게 더욱 인색해지게 된다. 제일 먼저 아끼는 것은 나와 관련된 것들이었다. 커피 한 잔, 옷 한 벌에 오랜 시간 고민하는 일이 잦아졌다. 현실적인 문제와 마주하며 경제 활동이 필요했다. 첫 번째, 두 번째 경력 공백기를 넘어 다시 일하려는 마음을 갖게 된 첫 번째 이유는 경제적 이유였다.

다시 일을 시작하려고 했을 때 큰 용기를 내야 하는 경우가 많다. 맘 카페에서 "일을 시작하고 싶은데 제가 할 수 있을까요?"와 같은 걱정이 담긴 제목의 글들을 만나는 것은 어려운 일이 아니다. 일하겠다는 마음을 먹었어도 막상 일하기 위해서는 용기를 내야 하는 것이 현실이다. 출산과 해외 주재로 두 번의 공백이 생겨났다. 출산으로 생겨난 첫 공백기를 넘으면서 다시 이력서를 쓰고 내가 할 수 있는 일을 찾으면서 "다시 일할 수 있을까?" 하는 불안감에 사로잡혔다. 호기롭게 일자리를 찾아 나섰지만, 마음 한쪽은 늘 불안했다. 경력 공백이 크게만 느껴졌기 때문이다. 혹시나 하는 마음으로 나는 구직 사이트를 밤낮으로 찾아보며 이력서만이라도 통과되기를 간절히 바랐다. 면접을 보자는 연락이라도 받아보고 싶었다. 구직이 길어질수록 자신감은 바닥을 쳤다. 그러다보니 경력이 단절된 여성을 필요로 하는 곳이 없다는 생각만 들었다. 사회에서의 나의 효용성에 의구심이 들었다. 그럴수록 일하는 사람으로서 내 이름을 찾고 싶은 생각이 들었다. 경제적 이유로 시작되었던 일 찾기는 내 이름 찾기가 되어갔다. 일을 한다는 것이 누구의 엄마가 아닌 내 이름으로 불리는 독립적인 나의 정체성과 효용성 문제를 해결하는 과정이라는 점이 일하고 싶은 두 번째 이유였다. 일하면서 나를 소개할 수 있는 직업 정체성이 세워지고, 일로 생기는 경제 효과로 인정받는 기분이 들어 만족감이 생겼다. 일 때문에 힘들기도 했지만 일로 인정받는 것이 좋았다.

물론 개인이 가지고 있는 삶의 가치와 철학은 모두 다를 수 있지만, 자신만의 기준으로 나의 정체성을 세워야 하는 순간이 오기 마련이다. 누군가는 엄마로 사는 삶에 중심을 두고, 다른 누군가는 일에 가치를 두기도 한다. 일하는 것만이 인정받는 길이 아니고 돈을 많이 버는 것만이 성공적인 삶도 아니다. 나의 삶에 대해 돌아보고 성장 마인드를 갖추고 나서야 주체적 삶이 중요해졌다. 경제적인 문제를 중심으로 시작했던 일에 대한 관점도 자연스레 더 나다운 삶과 연결되어 변화를 맞이하게 되었다.

돈을 벌기 위해 시작한 일이었지만 시간과 돈을 등가 교환하는 수단으로서의 일은 즐겁게 지속할 수 없었다. 일을 시작한 지 2~3년의 시간이 지나고 어김없이 찾아온 "나에게 맞는 일을 하는 걸까?", "더 늦기 전에 지금이라도 방향을 바꾸어야 할까?" 하는 질문에 진지하게 답해야 하는 시기가 왔다. 일은 곧 나를 설명하는 것이었다. 더 나은 삶, 내가 꿈꾸는 주체적인 삶에 '일'이 포함되어 있던 것이다. 얼마를 버느냐의 문제보다 내가 그 일을 하면서 성장하고 있는가가 나에게는 점점 중요해졌다. 두 번째 공백기에는 경력이 단절되어 기존의 일을 지속하는 것이 어려웠기 때문에 다른 일을 찾고 경력을 만드는 시간이 필요했지만, 결과적으로 일을 찾고 경험하는 과정은 나에게 더 의미 있는 일을 찾고, 지속할 수 있는 기초를 다지는 시간이 되었다.

나를 알아가기 위해 치열하게 노력했던 시간을 지나자 무엇인가 하고 싶은 마음이 솟았다. 무엇을 하면서 살아갈 것인가? 무슨 일을 할 것인가? 다시 무엇인가 할 수 있을 것 같은 막연한 희망을 품고 있는 이르지도 늦지도 않은 나이 마흔, 일에 대한 재정의가 필요했다. 정말 내가 원하는 일을 하고 싶었다. 나를 행복하게 하는 일, 지속적인 보람과 기쁨을 누릴 수 있는 일, 시간이 흘러도 즐거움을 느낄 수 있는 일 말이다. 머릿속으로 고르고 따지며 들었던 생각이 아니다. 나를 알아가는 과정에서 마주한 나와의 연결이었다. 실제로 부딪히고 경험하면서 내가 원하는 일, 가슴 뛰는 일을 찾아가고 있다. 지금의 모습도 완성이 아니다. 계속해서 원하는 것들에 도전할 것이고 그것이 다시 일로 연결되리라 믿는다.

『왜 일하는가』의 저자 이나모리 가즈오는 인간은 내면을 성장시키기 위해서 일한다고 말하며 내면의 성장은 오랜 세월 엄격한 수행에 전념해도 이루기 어려운 것이지만 일에는 그것을 가능하게 하는 힘이 있고 일하는 것은 내면을 단단하게 하고, 마음을 갈고 닦으며 삶에서 가장 가치 있는 것을 손에 넣는 행위라고 말한다.

변화의 시점을 감지한 마흔 즈음의 우리도 이러한 이

유로 삶과 떼어낼 수 없는 '일'에 대해서 생각해 보게 되는 것이다. 일을 해왔던 사람, 다시 일을 해보고 싶은 사람 모두 비슷한 고민을 하게 된다. 변화의 시점에서 어떻게 살아갈 것이고 삶의 방향성을 어떻게 이끌어나가는 지 알기 위해서 자신의 진로를 고민하게 될 것이기 때문이다. 삶을 살아가는 방향성을 설정하게 되는 과정은 자연스레 '일'까지 연결되게 된다. 자연스레 "나 이제 뭐 하지?"를 묻게 된다. 당신은 이제 무엇을 하고 싶은가?

나다운 일 찾기

우리는 살아가면서 일을 하는데 많은 시간을 쓰는데, 일에 대한 목적도 의미도 없는 경우가 많다. 일을 잘하기 위한 기술과 책들이 넘쳐나는데도 왜 일을 하는지, 이 일을 통해서 무엇이 되고 싶은지는 생각해 보기 어렵다. 나로 살아가기 위한 고민과 함께 나다운 일에 대한 고민도 함께하게 되었다. 왜 일하는지, 무엇을 위해 일하는지 궁리한다. 우리는 '먹고 살기 위한 일'에서 '가치 있는 일'로 옮겨가는 단계에 서 있다.

결혼 후 일을 그만두는 여성 직원이 많다. 결혼 후에도 지속해서 일하기는 했지만, 그때의 나는 무엇을 위해 일했을까? 꿈의 실현이나 자아실현 보다는 급여를 받을 수 있고 그동안 해왔던 일이라는 이유로 일을 지속했다. 조산으로 예정보다 일찍 휴직했고 육아를 선택한 나는 다시 회사로 돌아가지 못했다. 출산 후 미련 없이 퇴사를 결정할 수 있었던 이유는 일에 대한 욕망, 지속할 의미가 약했기 때문이다. 힘겨운 육아와 함께 일을 지속할 이유가 없었다. 경력을 소중히 생각하고, 자신이 하는 일에 대한 프라이드가 높은 사람은 임신-출산-육아의 일련의 과정을 해내는 것 자체를 굉장한 갈등 상황으로 여기기도 했다. 나는 대의적 명분으로 휴식을 누릴 수 있는 황금 휴가라는 생각이 들어 마음 한편이 편하기도 했다. 10여 년의 시간 동안 아르바이트, 학업, 직장을 쉼 없이 달려온 이후 처음 맞이하는 휴식의 시기였다. 일을 통해 명확하게 무엇인가를 이루고자 하는 목적, 목표가 있었다면 다른 모습으로 그 상황을 받아들였을지도 모른다.

내가 지금 하는 일을 왜 하는지 생각해 본 적이 있는가? 그 일을 통해서 내가 이루고 싶은 것은 무엇인지 고민해 보았는가? 내가 그 직업을 선택했던 이유는 기억하고 있는가? 선택의 이유와 지금 내가 일을 하는 이유에 대해 생각해 보기를 권한다. 내가 하는 일을 사랑하고 있다면 출근도 신나고 생산성과 독창성도 높아진다. 덩달아 내가 하는 다른 활동들도 즐거워진다. 반대로 왜 내가 이 일을 하는지에 답할 수 없다면 그 이유에 대해서 생각하는 시간을 꼭 가져보기를 권한다. 지금 내가 선택한 일, 그 일을 하는 나는 어떤 생각을 하고 있는지 말이다.

출산 전에 내가 일을 대하는 태도는 진정한 삶과 일의 목적의식, 신념과 열정보다는 그저 익숙한 생활을 연장해 가는 식이었다. 먹고살기 위해 겨우 버티기를 해나가는 중이었는지도 모른다. 주체적 삶이 일과도 연결된다. 내가 선택한 직업, 일을 왜 하는가에 대한 생각이 삶의 방향성까지도 다르게 만들 수 있다. 지금의 나는 "왜 일하는가?"를 수없이 물었다. 일을 지속하기 위해서는 나의 삶의 목표와 비전이 자연스레 따라오게 된다. 지금 이 일을 왜 하고 있고 왜 하고 싶은지 나에게 질문해 보자.

흔들리는 마흔

나는 '인생의 두 번째째 라운드'로 도서관에서 그림책 인문학 수업을 진행하고 있다. 도서관에서 이루어지는 수업은 평일 오전에 이루어지기 때문인지 참여자 대부분은 어린아이를 둔 30, 40대의 여성인 경우가 많다. 그림책을 통해 인문학적 관점으로 삶에 관해 이야기를 나누는 수업이기 때문에 수업에 참여하는 동안 자연스럽게 나의 삶을 마주하게 된다

그림책 인문학 수업 중 『브레멘 음악대』를 함께 읽고 이야기를 나누었다. 브레멘 음악대는 늙고 병들어 쓸모가

없어진 당나귀가 주인이 자신을 잡아먹으려 한다는 사실을 알게 되면서 일어나는 이야기다. 암울한 상황에서 탈출하여 브레멘으로 향하는 여정에서 처지가 비슷한 동물 친구들을 만나 자신의 삶에 대해 알아가는 과정을 담고 있는 그림책이다.

책을 읽으며 삶의 방향에 관해 이야기를 나누었다. "당신은 지금 어디로 가고 있나요?"라는 질문을 던졌다. 그림책 인문학 수업의 참여자 A는 눈물을 훔치며 답했다. "지금까지 아이를 잘 키우는 것이 저의 꿈이라고 생각했어요. 지금까지의 우선순위는 늘 아이와 가정이었네요. 아이는 언젠가 커서 제 품을 떠나게 될 텐데. 저는 아무런 준비가 안 되어 있어요. 이제 저의 삶이 달라져야 하는 것 같아요. 일도 해야겠죠? 전에 하던 일을 이어 나갈 수 있을까요? 큰 망치로 머리를 맞은 기분이에요. 이제 어떻게 해야 할지 막막해요."

그의 삶이 순탄하지 않아서 울면서 이야기를 쏟아냈을까? 그건 아니라고 생각한다. 내가 지금 어디에 서 있는지, 어디로 가고 있는지 다시 생각하는 계기를 맞이하게 된다면 누구나 그와 같은 경험을 하게 될 것이다.

결혼, 출산, 육아를 경험하는 여성은 경력의 갈림길에

서게 된다. 일하는 여성의 삶을 택하기도 하고, 육아에 전념하는 전업주부로 사는 삶을 택하기도 한다. 어떤 선택을 하더라도 여성들의 삶은 아이를 낳기 전과 완전히 같은 삶의 방식을 유지할 수는 없다. 시간, 에너지, 경제적인 부분 어느 하나 내 마음대로 할 수 없다는 벽을 마주하게 된다.

육아 환경이 많이 좋아졌다고는 하지만 홀로 아이를 키우는 여성도, 일하는 여성의 삶을 선택한 이들도 모두 나름의 고충이 있다. 어렵게 일하는 여성의 삶을 선택했더라도 자신의 경력과 가정에서의 역할을 동시에 짊어지며 가사와 육아의 벽 앞에 자의 반 타의 반으로 경력을 내려놓게 되는 경우도 많다. 일을 내려놓은 여성들은 어떤 삶을 선택할까? 가정을 중심에 둔 여성들의 목표는 이제 내가 아닌 내 아이를 잘 키우는 것이 된다.

엄마의 생활은 자신도 모르게 아이 중심으로 돌아간다. 밥을 먹는 것도 잠을 자는 것도 모두 아이 중심이다. 반복되는 단조로운 삶일 것 같지만 엄마들의 시간은 바쁘기만 하다. 가정의 크고 작은 일들을 책임지는 삶이 너무 익숙해져서 나만의 시간을 보내는 방법조차 이제는 어색하게 느껴진다. 아이가 잘 되길 바라는 엄마는 아이의 손을 붙잡고 100m 달리기라도 하듯 앞만 보고 달리려고 한다.

잘 키워내겠다는 의욕이 앞선 엄마와 함께 달리는 아이는 아이대로의 사정이 생겨난다. 더 빨리 내달리고 싶은 엄마는 따라와 주지 않는 아이가 야속하기만 하다. "내가 너 잘되라고 하는 거야." 하는 말로 아이와의 전쟁을 지속하고 있는지도 모른다. 나도 아이에게 내가 설정한 로드맵으로 아이를 닦달하고 엄마의 속도에 맞추지 못해 힘들어하는 아이와 씨름한 적이 있다. 아이와의 관계에서 어려움이 생겼고 아이는 자기의 의견을 존중해 주지 않는 엄마를 원망하기 시작했다.

엄마의 삶의 전부가 되어버린 아이를 잘되게 하려는 욕심과 아이를 통해서 엄마의 꿈을 실현하고자 하는 마음이 문제다. 엄마의 방식대로 끌어가려는 좁은 틀에서 벗어나 아이는 더 자유로워지고 싶다. 엄마 품을 떠나려 준비하는 아이의 반응에 편안함보다는 공허함이 몰려온다. 삶의 목적이었던 아이가 나의 품을 곧 떠날 듯 느껴진다. 나는 이제 어떻게 살아야 할까? 엄마 이후의 삶은 어떻게 만들어가야 할까?

30, 40대의 여성들은 아이들이 엄마 품을 떠나 스스로 커가는 시기가 온 것이 계기가 되기도 하고, 경제적 측면이나 함께 아이를 키우던 주변 사람들의 사회 복귀가 자극이

되어 앞으로의 삶에 대한 고민을 시작하게 되는 비슷한 경험을 하게 된다. 흔들림의 이유는 모두 다르겠지만 이 순간 가장 필요한 것은 무엇일까? 사회 복귀를 위한 업무 능력? 아이들을 맡아 줄 곳? 아니다. 그것보다 중요한 것은 바로 흔들리는 나를 마주하는 것이다. 흔들리는 나를 직면하는 것은 어려운 일이다. 나는 나의 삶의 모습에 대해서 생각해 본 적이 얼마나 있을까. 내가 할 수 있는 일은 뭘까. 어떻게 살아가야 할까. 내가 원하는 삶은 무엇일까.

어려운 과정일지라도 흔들림을 마주하고서야 변화와 성장이 온다. 나의 상황과 나라는 사람을 객관적으로 볼 수 있는 그 흔들림을 알아차린다면 그 흔들림이 전환점이 되어 줄 것이다. 흔들림 속에 나를 객관적으로 바라볼 기회를 얻는 것이다. 지금까지의 내가 우선순위를 두었던 것들을 인정하고 정리해 보는 것이다. 내가 지내온 시간을 부정하지 말고 지금까지 최선을 다해 살아왔고, 이제는 조금 다른 방향으로 삶을 틀어갈 때가 되었다고 여기자. 조급할 필요도 겁낼 필요도 없다. 벌어진 틈새로 이제 또 다른 빛이 들어오기 시작하는 것이다. 흔들리는 나를 알아차렸다면 걱정보다는 인생 두 번째 라운드를 맞이하는 설렘을 느껴보기를 바란다.

✦ 마흔의 현실 마주하기

거울에 내 모습을 비추며 생각해 보자. 거울에 비친 내 모습이 10년 전 내가 꿈꾸던 모습인가? 앞으로도 지금 모습 그대로를 원하는가?

지금까지 어떻게 살아왔고, 지금은 어떤 모습인지 되짚어 보자. 막 일을 다시 시작하게 되었을 때였다. 나는 새롭게 시작한 강사 일을 감당하기 위해 발버둥 쳤고, 그 와중에도 엄마가 해줄 수 있는 것들을 내 손으로 해주려고 노력했다. 아이들의 학습 일정, 체험 학습 등 엄마의 손으로 모두 해줘야 직성이 풀리는 나였다. 그저 엄마의 역할을 해내는 것이 전부라는 생각이었다. 그러다 아이가 보낸 자립의 신호를 마주하고서야 나의 삶의 방식과 기준에 대해서 생각해 보게 되었다. 이전까지는 한 번도 생각해 본 적이 없는 문제였다. 그저 열심히 살아내면 된다고, 역할을 충실히 해내며 열심히 하면 원하는 것을 얻을 수 있다고 생각했다.

내가 진짜 원하는 것을 위해 살고 있는지 의문이 들었다. "내 주변 가까운 사람들은 어떻게 살아가고 있지? 친구들은 무엇을 하고 있지?" 의문이 생기자 주변을 돌아보기 시작했다. 크게 벗어난 삶이 아니라고 생각되면 다시 안주하고 싶었는지도 모른다. 주변 사람들의 삶도 크게 다르지 않았다. 나를 유별나다고 말하는 사람도 있었다. 금세 지나가기를 바랐던 흔들림의 시간은 길었다. 불안정한 마음 상태는 바쁘게 지낼 때는 느끼지 못하다가 고요한 새벽 시간 혼자만의 시간이 되면 어김없이 아래로 떨어지기를 반복했다. 이유도 없이 울컥하기도 하고 때로는 줄줄 흐르는 눈물 때문에 눈이 퉁퉁 붓기도 했다. 일렁이는 마음을 다잡고자 안정감을 줄 활동들을 찾아 헤매었다. 봉사, 명상, 기도, 모임, 바쁘게 일하며 생각하는 시간을 줄여가는 것이 도움이 되기도 했으나 근본적 해결은 되지 않았다. 헛헛하고 공허한 마음은 오랫동안 나를 힘들게 했다.

이유도 모른 채 시간만 흘러갔다. 내가 지금 왜 이러는지 알고 싶었다. 여러 방법을 찾고 또 찾았다. 책을 읽기도 하고 심리 관련 콘텐츠들을 찾아보기도 했다. 책을 다시 손에 쥐게 되었던 때도 이때였다.

여러 책을 읽으며 나의 상태가 '실존적 공허'를 경험하는 상태라는 것을 알게 되었다. 삶의 의미를 발견하지 못하거나 상실한 상태. 아이의 독립을 향한 자기주장을 경험한 이후로 내가 중심을 두었던 삶이 무너져 내린 것이었다. 내가 왜 살아가는지에 대한 철학적 질문을 거듭하며 누군가 이 질문에 답해 주기를 바랐던 것이다. 책과 영상 콘텐츠가 상황을 해결해 주는 것은 아니었다. 하지만 그것들을 해석하고 이해하는 과정에서 얻는 깨달음이 해답이 되었다.

흔들림의 시작은 스스로를 결정해 나가는 주체로서의 삶의 시작이었다. 우울감도 있었고 공허감도 있었다. 나의 삶을 결정해 나가야 하는 순간이 다가오자 두려운 마음이 들었다. 마흔 즈음에야 내가 무엇을 하며 살아가야 하는지에 대해 진지하게 질문하게 되었다.

스스로 질문을 시작하면서 마흔의 현실과 마주하게 되었다. 아이와 가정에 충실한 것이 전부라고 생각하며 살다 보니 내 이름, '나'라는 존재는 지워진 지 오래였다. 나의 의미를 찾고 새로운 삶을 살고 싶다는 열망이 생겼다.

✦ 마흔인 나도 할 수 있을까

'경력 단절'이라는 단어는 무겁게만 느껴진다. 출산이라는 거대한 산을 만나고 양육이라는 또 다른 산 앞에서 엄마들은 '일하는 나'와 '엄마로서의 나'라는 갈림길에 서게 된다. 그러나 주변의 도움을 받을 수 없는 대부분의 여성은 선택의 여지 없이 엄마의 삶을 받아들이게 된다.

육아, 양육을 삶의 행복한 부분으로 여기며 성장해 나가는 엄마들도 많다. 그렇게 성장하는 그들조차도 자신과 육아 사이에서 기쁨과 슬픔을 동시에 느끼며 눈물을 삼키는 시간이 분명히 있다. 출산, 육아 이후의 삶의 기준을 정해나가는 시기는 꼭 필요하지만 어려운 시간이다. "내가 왜 이렇게 살고 있지?"라는 생각이 들 때 누군가에게 강요받은 것 같은 현재의 상황에 흘러나오는 한숨을 참아내기가 어렵다. 그렇게 1년, 2년 시간을 보내고 난 여성들은 육아 말고 또 다른 고민에 빠지게 된다.

몇 해 전 만났던 초등 2학년, 4학년 아이를 둔 B는 아이가 있어서 일할 수 없다고 했다. 아이들이 자신이 늘 집에 있기를 원하고, 무엇이든 엄마의 손을 거치기를 원한다는 것이다. 그는 그런 상황의 답답함을 자주 이야기했다. 숨 쉴 틈이 필요하다고 하는 그에게 나는 시간제 아르바이트를 권했다. 집 이외의 사회적 관계를 맺을 수 있는 장소에서 일하며 또 다른 효용성을 느끼기를 바랐기 때문이다. 그는 며칠 후 일을 해보겠다는 말에 남편도 응원해줬다는 소식을 기쁜 목소리로 전해 주었다. 나는 그렇게 그가 새로운 경험을 시작할 것이라고 생각했다. 하지만 그는 며칠 후 "결국 아이들 때문에 못하겠어요."라고 말하며 일하지 않는 것을 선택했다.

그는 왜 시작하지 않았을까. 아이를 돌봐야 한다는 이유 때문이었을까? 후에 그와 이야기를 나누며 두 가지 이유에 대해 듣게 되었다. 첫 번째는 '오래 쉬었는데 다시 일할 수 있을까?' 하는 의문 때문이었다고 한다. 20대 중반 결혼과 함께 하던 일을 그만두고 육아에 전념했다. 일과의 공백이 15년이나 되었다. 주변 엄마들과의 관계를 제외하면 일로서 사람을 만났던 경험도 전혀 없다. 다시 일하려고 생각하니, 자신도 없고 답답하고 막막하다고 했다.

두 번째는 정말 아이들 때문이라고 했다. 아이들의 활동 시간에 영향을 주지 않는 아르바이트를 찾는 것도 어려웠고, 아이들을 놓고 일을 하려고 생각하니 그만큼의 보상이 있어야 할 것 같은데 시급을 계산하니 얼마 되지 않는 급여였다. '아이들을 두고 겨우 이 돈 때문에 일해야 할까?' 하는 생각이 들자 일하고 싶은 생각이 싹 사라졌다고 했다. 다시 사회로 복귀하는 과정에서의 두려움은 대부분의 경력 공백기를 경험한 여성이 느끼는 감정이다. 경제 활동을 멈춘 시간이 길어질수록 "내가 다시 할 수 있을까?" 하는 두려움이 커진다. 이 시기에 두려움에 함몰되어 버린다면 세상으로의 한걸음은 더욱 힘들어진다.

레이 크록은 52세에 맥도널드를, 커넬 샌더스는 68세에 KFC를, 그랜마 모지스는 모두 늦은 나이라고 생각하는 75세의 나이에 그림을 그리기 시작해서 101세에 세상을 떠나기 전까지 총 1,600여 점의 작품을 남긴다. 그중 250점이 100세 이후에 그린 그림이라고 하니 마흔의 우리는 무엇이든 할 수 있을 것만 같다. 이들이 이 나이에 되겠느냐는 의심으로 도전하지 않았다면 어땠을까? 햄버거도 치킨도 우리는 만나지 못했을 것이다.

마흔이라 할 수 없는 것이 아니라 용기가 부족한 것은 아닐까? 행동해야 할 이유, 도전해야 할 이유가 없어서 주춤거리고 있는 것 아닐까? "마흔에도 할 수 있을까요?"라는 질문은 이제 줄을 그어 버리자. '너무 늦었어.'라는 마음을 '지금부터 해보자.'로, '내가 할 수 있을까?'를 '난 할 수 있어.'로 바꾸어 생각해 보자. 나를 믿는 믿음, 긍정 에너지가 생기면 마흔이라도 무엇이든 할 수 있으니까!

변화가 두려워요

'변화'라는 단어만 들어도 설렜던 순간이 있다. 나의 삶을 180도 바꾼다면 더 나은 삶을 살 수 있을 것이라는 생각 때문이었다. 미래지향적 사고를 하는 사람들은 미래의 희망이 느껴지기만 해도 에너지가 불끈 생기고, 그 희망이 여러 가지 일을 할 수 있는 에너지를 만든다. 하지만 변화가 모두에게 희망적이지 않다는 것을 알았다.

그림책 인문학 수업으로 만난 수강생 C의 이야기다. 그는 "나에게 가장 두렵게 느껴지는 것은 무엇인가요?"라는 질문에 변화가 지금 나의 삶을 가장 두렵게 한다고 답했다. 내게는 역동성, 긍정성으로 느껴지는 변화라는 단어가 그에게는 두려움을 주는 단어였다. 그는 임신 중이었고, 앞으로 다가올 변화, 안정성이 없는 그 순간, 내가 통제할 수 없는 상황을 마주하는 것이 두렵다고 했다. 두려움이 자주 찾아왔지만 이유는 알 수 없다고 했다.

출산을 경험한 여성은 공감할 것이다. 설레기도 하지만 두렵기도 한 양가감정. 나는 그에게 변화가 긍정적인 것이라며 설득하는 대신 두려운 이유에 대해 알아차려 보자고 권했다. 그가 가졌던 두려움의 이유를 함께 이야기하다 보니 정확하게 읽어낼 수 있었다. 그는 두려움의 이유가 확실해지자 불안했던 이유에 대해서도 알게 되었다.

두루뭉술한 감정과 걱정들은 꼬리에 꼬리를 문다. 내가 대체 왜 이렇게 불안하고 우울한지 알지 못한다. 그리고 그 감정들을 어떻게 알아가야 하는지도 모른다. 글을 쓰기 시작하게 되면서 나와 조용히 대화하는 시간의 힘을 알게 되었다. 그에게도 감정 일기를 권했다. 감정 일기는 내 감정의 하루 흐름. 그 안에 있는 진짜 감정의 원인을 스스로 알아가도록 도와준다. 그것을 알아차리는 것만으로도 나의 불안감을 잠재울 수 있다. 내가 왜 이런 불안감을 느낄까? 원인에 대해 알아야 그 상황을 통제할 수 있다.

불안의 원인 알기

당신은 무엇 때문에 두려운가요? 불안이 당신의 무엇을 위협한다고 생각하나요? 자, 이제 이유를 적어 내려가 보세요.

이유를 적다 보면 나를 힘들게 하는 외부 요인이 적다는 것에 놀랄지도 모른다. 모두 적었다면 내가 해결할 수 있는 것과 없는 것을 구분하여 해결할 수 있는 것부터 하나씩 해결책을 찾자. 해결할 수 없는 것들은 고민하고 두려워한다고 해결되는 것이 아니다. 인정하고 다른 방향을 찾아보는 것이 더 빠른 해결책이 될 수 있다. 걱정에 휘말리기보다는 걱정의 이유를 찾아 제거하면 변화의 시작을 한결 수월하게 해낼 수 있을 것이다.

✦ 무엇부터 해야 할까

내 삶에 변화가 필요하다는 것을 알게 되었을 때, 나는 아무도 없는 사막에 떨어진 기분이었다. 무엇인가 해야 하는데 도대체 무엇부터 해야 할지 몰랐다. 지금과는 조금 다른 모습으로 삶을 꾸려가고 싶고 성장하고 싶은데 정작 내가 아는 방법은 없었다. 무엇을 먼저 해야 했을지 돌아보니 정해진 순서는 없지만, 변화의 순간을 맞이하는 사람들에게는 적절한 시기가 있다. 아무리 타인이 변화에 대해서 크게 떠들어 댄다고 해도 자신에게 알맞은 때가 아니라면 단 한마디도 영향을 미치지 못한다. 하지만 변화를 절박하게 원하는 순간 적절한 메시지를 만난다면 삶이 송두리째 변할 계기가 될 수 있다.

늘 엄마의 말대로 잘 따라와 주던 아들은 초등학교 2학년이 되면서부터 자신의 생각을 이야기하기 시작했다. 하루는 내가 정해준 스케줄과 공부 양에 대해 "왜 엄마 마음대로만 해요"라는 말과 함께 이글거리는 눈빛으로 나를 바라보았다. 아이의 불만이라고 넘길 수도 있었을 사건이었지만 나의 마음은 아들의 이글거리는 눈빛과 함께 무너졌다.

모든 아이들에게는 언젠가 스스로의 생각과 방식을 선택해서 엄마의 손을 떠나는 날이 온다. 지금까지는 아이들이 나의 삶의 전부라고 여기며 그것을 삶의 목표로 삼고 있었다. 그제서야 아이와 가정에 중심을 두었던 삶을 객관적으로 바라보며 이후의 삶에 대해 생각했다. 이렇게 나만의 주도적 삶을 위한 여정이 시작되었다.

무엇부터 해야 할까 고민이 되었을 때, 누군가가 너는 이런 사람이니 이러이러한 방향으로 나아가라고 답을 말해줬으면 하는 마음도 있었다. 길을 알려준다면 잘 따라갈 수 있을 것만 같았다. 나에게 힌트라도 줄 수 있을 것 같은 사람들을 찾아 나섰지만 그들의 공통적인 말은 그 길을 스스로 찾아야 한다는 것이었다. 최근 내가 자주 하는 말이기도 하다. 내가 서 있는 길은 한 치 앞도 알 수가 없는 안개가 자욱한 곳 같았다. 내가 지금 무엇을 원하는지, 어떻게 준비해야 하는지도 알지 못했기 때문에 안개 속에서 내 손을 잡고 달려줄 누군가가 간절했다. 하지만 결국은 내가 선택해야 하는 길이다. 두렵지만 용기를 내어 한 걸음씩 내디뎌야 했다. 지금까지 누군가가 만들어 놓은 길, 누군가가 알려주는 경로를 따라 왔더라도 새로 시작하는 길에서는 정해진 길을 따라가지 않아도 된다. 내가 온전히 내 삶의 주인이 되겠다는 마음을 먼저 준비한다면 무수히 찾아오는 위기에도 스스로를 단단하게 잡아줄 것이다.

STEP 2.

무엇부터 할까 고민된다면,

자기 이해

"엄마, 이건 뭐예요?", "이건 뭐야?", "이거는요?" 골목길 하나를 통과하는데도 쉴새 없이 질문이 쏟아진다. 아이들은 풀밭에 있는 풀의 이름도, 꽃의 이름도, 지나가는 자동차도, 자전거도, 모든 것이 궁금하다. 간판이 빽빽한 곳을 지날 때면 간판의 글자를 모두 읽어 주어야 겨우 그곳을 지날 수 있다. 아이들은 돌 무렵부터 우리에게 당연한 것들을 묻기 시작한다. 엄마, 아빠로 시작해서 수많은 물건의 명칭, 이름을 머릿속에 채운다. 그리고 사소한 것 하나까지도 궁금해한다. 호기심과 궁금증은 질문으로 연결되어 엄마의 대답을 재촉한다. 아이가 수없이 던지는 질문에 은근슬쩍 모른 척하고 싶을 때도 있었다. 아이들의 호기심은 왕성하다. 우리도 어린 시절에는 왕성한 질문의 대가였을 것이다. 한살 한살 나이가 들면서 점점 질문하지 않는 분위기에 익숙해져 갔고, 그러다 보니 궁금한 것도 사라졌다. 평소에 하는 말 대부분은 확인과 점검을 위한 명령조의 말이다. 아이들에게도 질문보다는 일과를 점검하는 말을 뱉을 때가 많다. 궁금함보다는 당연함이 우리에게 더 익숙해져 버린 것이다. "왜?"라는 의문사를 잃어버린 마흔의 우리. 평범함이 최고라고 생각하면서 적당한 일상을 즐기는 것이 목표가 되어버린 것인지도 모르겠다.

마흔이 되어서도 진로 고민을 하는 우리에게 가장 필요한 것은 나에 대한 호기심을 회복하는 것이다. 호기심의 회복은 내가 어떤 사람인지, 내가 무엇을 하고 싶은지, 내가 원하는 미래는 무엇인지 스스로 깨달을 수 있도록 돕는다. 호기심의 시작은 어린아이와 같은 질문에서 다시 회복할 수 있다.

"어떤 것을 좋아하세요?", "무엇을 잘하세요?"와 같은 질문을 받았다면 바로 답할 수 있을까. 내가 만난 사람들은 아주 간단하다고 여겼던 이 질문에서부터 머리를 망치에 맞은 듯 정신이 혼미하다고 했다. 쉬운 질문이라고 생각했지만 쉽게 답할 수 없다고 했다. 우리는 '나'보다는 '타인'에게 관심을 두고 타인에 대한 정보를 더 잘 기억하고 말한다. 나와 관계하는 그 사람이 무엇을 좋아하는지, 어떤 음식을 좋아하는지 어떤 장소에 자주 가는지 답할 수 있는 것은 그 사람에 대한 호기심으로 정보를 수집했기 때문이다. 타인에 대해서는 작은 정보도 기억하는 우리가 나에 관해 이야기하라고 하면 말문이 막힌다. 타인에서 나로 시선을 옮겨 스스로에 대한 정보를 수집해 보자.

마흔, 지금부터 우리가 그려갈 진로의 방향은 어떤 누구의 삶을 답습하기보다는 내가 진정으로 원하는 방향으로 설계되어야 한다. 누군가가 그려준 삶의 모습이 아닌 '나'의 삶의 모습을 그려가려면 나에게 수없이 질문을 던져야 한다. 무엇을 좋아하는지, 진로를 다시 설정하려는 이유는 무엇인지, 어떻게 살아가고 싶은지 등. 수많은 질문을 던지고 또 던져야 내가 원하는 것들을 중심에 놓고 나의 진로와 미래를 그려나갈 수 있을 것이다. 막상 질문을 하라고 하면 또 다시 미로에 빠진 것 같은 생각이 들 수도 있다. 스스로에게 질문을 할 때 필요한 것은 바로 '나'라는 사람에 대한 호기심이다.

활동 1

오늘 아침에 거울을 보았나요?

무심코 보는 거울 앞에서 당신은 어떤 모습이었나요? 피곤한 하루의 시작으로 나에게 미소 지어 줄 틈도 없었던 것은 아닌가요? 내 모습을 카메라에 담아본 것이 언제인지 기억이 나지 않는다면 지금 바로 카메라로 전신, 얼굴, 손, 발의 모습을 찍어 나의 모습을 마주하는 시간을 가져보세요. 내면을 탐색하기 전 나의 외면을 바라보는 시간을 갖도록 합니다. 사진을 찍고 느낀 감정을 적어보세요. 어색하지만 계속 바라보고 예쁘다고 해주면 더 사랑스러운 모습으로 바뀌어 갈 수 있답니다.

내 몸을 보고 어떤 느낌이 들었나요?

내 얼굴을 보고 어떤 느낌이 들었나요?

내 손을 보고 어떤 느낌이 들었나요?

내 발을 보고 어떤 느낌이 들었나요?

활동 2

내가 좋아하는 것들을 알고 있나요?

내가 좋아하는 것들을 명확하게 알고 있다면 타인의 기준에 흔들리지 않고 내 생각과 의견을 말할 수 있습니다. 좋아하는 음식, 장소, 색깔, 옷, 단어, 책 등을 자유롭게 적고 이유를 적어보세요. 생각나는 대로 최대한 많이 적어보는 것이 포인트입니다.

어떤 음식을 좋아하나요?

어떤 장소를 좋아하나요?

어떤 음악을 좋아하나요?

어떤 색깔을 좋아하나요?

어떤 영화를 좋아하나요?

어떤 계절을 좋아하나요?

어떤 사람을 좋아하나요?

그 밖의 좋아하는 것들을 모두 적어보세요.

활동 3

내가 싫어하는 것들을 알고 있나요?

내가 무엇을 싫어하는지 말할 수 있는 것은 마음 속에 잘 정리된 서랍을 가지고 있는 것과 같습니다. 싫어하는 음식, 공간, 색깔, 단어 등을 자유롭게 적어보세요. 생각나는 대로 최대한 많이 이유와 함께 적어보고, 이유들의 공통점도 발견해 보세요.

활동 4

최근 당신의 감정은 안녕한가요?

당신은 당신의 감정을 잘 알고 있나요? 여러 감정을 느꼈을 때 어떻게 행동하고 표현하는지 적어보세요.

기쁨과 슬픔을 느낄 때는 언제인가요?

그럴 때 어떻게 행동하고 표현하나요?

또 어떤 감정을 주로 느끼나요?

그럴 때 어떻게 행동하고 표현하나요?

활동 5

내가 지금 하고 싶은 것은 무엇인가요?

여행을 떠나고 싶은가요? 혹은 어떤 것을 배우고 싶나요? 어떤 것이든 좋아요. 지금 하고 싶은 것을 적어보세요.

활동 6

미래에 되고 싶은 모습은 어떤 모습인가요?

건강한 사람이 되고 싶은가요? 영향력을 끼치는 사람이 되고 싶나요? 내가 미래에 되고 싶은 모습은 어떤 모습인가요?

활동 7

내가 잘하는 것은 무엇일까요?

평소에 내가 잘한다고 생각한 것들에 대해 적어보세요.

친구, 가족, 연인 등 가까운 사람에게 내가 잘하는 것이 무엇인지 물어보고 적어보세요.

활동 8

질문에 답한 조각들을 모아 나에 대해 정리하는 글을 써 보세요.

내가 어떤 것을 좋아하고 싫어하는지, 무엇을 잘하고 어떤 사람이 되고 싶은지 앞선 질문에 답한 조각들을 이어 내가 어떤 사람인지 한 편의 글로 정리해 보세요.

삶을 이해하고 돌아본다는 것은 은퇴 시점에서야 하는 것인 줄 알았다. 그러다 지금껏 내가 살아온 삶에 일정한 패턴이 있음을 알게 되었다. 성공적이라고 느꼈던 시기와 암울했다고 생각했던 시기의 패턴. 결국은 나의 관점과 선택의 문제였다. 삶 전반에 대한 이해 없이는 무엇을 하든 부정적 시기를 보낸 그 시간을 지우고 싶은 마음뿐이다. 인생은 늘 굴곡이 있다. 산 정상에 오르며 상승 곡선을 그리는 순간도 산골짜기 끝까지 추락하며 하강 곡선을 그리는 순간도 있다.

과거와 현재의 경험이 모여 긍정적인 나를 만든다. 어렸을 때부터 지금까지 내 삶에 영향을 준 경험을 되짚어 보자. 나를 찾아가는 각종 프로그램에서 자주 다뤄지는 인생 그래프를 소개한다. 그래프에서 삶의 정점이던 순간과 바닥이던 순간에 대한 통찰을 통해서 미래를 그려 볼 수 있다. 변곡점에서의 나의 태도가 그래프의 모양을 변경하기도 한다.

인생 그래프는 상담학에서 인생 곡선으로 알려져 있다. 자신의 과거와 현재 및 미래의 모습을 그래프나 굽은 선으로 표현하게 하는 미술치료 기법으로 정의된다. 자신의 과거와 현재 및 미래의 모습을 표현해 보면서 자기 삶의 여정을 돌아보고 자신을 이해하도록 만드는 것이다. 나는 인생의 어느 시점에서 힘들었고, 그 시기를 어떻게 견디고 해결해 냈을까? 인생의 최고의 순간이라고 느꼈던 때를 떠올리면 어떨까? 나의 절정의 순간과 침체의 순간이 언제였을까를 정리하고 이유를 객관적으로 바라보는 과정에서 힌트를 얻을 수 있다.

사람은 자신의 과거에 영향을 받으며 산다. 그 영향의 정도는 사람마다 다르겠지만 과거를 잘 살펴보면 지금 내가 어디쯤에서 무엇을 왜 하고 있는지 깨달을 수도 있고,

어느 정도 미래를 예측해 볼 수도 있다.

삶에서의 변곡점은 무엇일까? 변곡점은 익숙하게 지내오던 삶에 변화가 생기는 지점이 아닐까? 새로운 사람은 만나거나 환경이 변하는 상황 등 가치관이나 익숙함이 다른 방향으로 변하게 되는 전환점이라고 할 수 있다. 인생의 변곡점은 내가 원해서 능동적으로 생긴 경우와 외부의 변화에 따라 수동적으로 생기는 경우, 두 가지로 나눌 수 있다. 사람은 인생의 전환점에서 어떻게 대응하고 적응하느냐에 따라 삶이 바뀌게 된다.

살아가고 있다면 누구나 반드시 늙고, 병들며 이별하고 퇴직하게 되므로 인생의 변곡점은 삶의 전환점이라고 할 수 있다. 그럴 때마다 내가 진정으로 원하는 것과 내가 어떤 사람이 되길 원하는지를 잘 고민하고 답해 나가는 것이 필요하다. 변곡점에서의 문제 해결의 방법은 강점과 연결해 볼 수 있다.

형용사를 이용하여 나 정의하기

조하리의 창(Johari window)[2]은 미국의 심리학자 조셉 루프트와 해리 잉엄이 1955년에 논문에서 제시한 내용이다. 대인 관계에 있어서 자신이 어떻게 보이고 또 어떤 성향을 가졌는지를 파악할 수 있도록 한 심리학 이론이며 '자기 인식', '자기 이해 모델'이라고도 불린다.

조하리의 창은 4개의 창으로 이루어져 생각, 감정, 경험, 행동, 동기 등이 담겨 있다. 세로 축은 타인이 아는 것과 모르는 것, 가로축은 자신이 아는 것과 모르는 것으로 구성된다. 모든 사람이 창문의 네 가지 영역을 가지고 있지만, 그 성향은 개인마다 다르므로 각 영역의 크기가 조금씩 다르게 나타난다. 어떤 영역이 가장 넓은지에 따라 자신의 성향을 파악할 수 있다. 타인과의 관계 속에서 자신이 어떤 성향을 지니고 있고 어떤 면을 개선하면 좋을지를 보여준다.

다음 중에서 나를 잘 표현한다고 생각하는 형용사 10개를 표시해 보자. 다음으로는 가족, 친구 등 나를 아는 사람들에게 아래의 형용사 중에서 나를 설명하는 형용사 10

2) Luft, J.; Ingham, H. (1955). "The Johari window, a graphic model of interpersonal awareness". Proceedings of the Western Training Laboratory in Group Development. Los Angeles: University of California, Los Angeles.

개를 골라 달라고 한다. 이 중에서 겹치는 형용사, 타인만 고른 형용사, 나만 고른 형용사를 각각의 영역에 적어보자.

성향 형용사

재능 있는 / 내향적인 / 솔직한 / 융통성 있는 / 용기 있는 / 차분한 / 친절함 / 유쾌한 / 영리한 / 까다로운 / 자신감 있는 / 믿음직한 / 품위 있는 / 활동적인 / 사교적인 / 우정 어린 / 마음이 넓은 / 행복한 / 도움이 되는 / 이상적인 / 독립적인 / 독창적인 / 재치있는 / 내성적인 / 친절한 / 박식한 / 논리적인 / 상냥한 / 성숙한 / 겸손한 / 신경질적인 / 조심성 있는 / 낙천적인 / 잘 정리된 / 참을성 있는 / 강력한 / 자신감 있는 / 적극적인 / 생각이 깊은 / 관대한 / 민감한 / 철저한 / 자기주장이 강한 / 자의식이 강한 / 실용적인 / 감정적인 / 수줍어하는 / 어리석은 / 단정한 / 자발적인 / 동정심 있는

'열린 창'은 나도 알고 남도 나를 아는 영역, '보이지 않는 창'은 타인은 나에 대해서 아는데, 나는 나를 모르고 있는 영역, '숨겨진 창'은 남은 나에 대해서 모르고 나만 알고 있는 영역을 뜻한다. '미지의 창'은 남도 모르고 나도 모르는 무의식의 영역이다. 고르지 않은 형용사 중 긍정적으로 생각하거나 되고 싶은 형용사를 적어보자.

조하리의 창

	자신이 아는 부분	자신이 모르는 부분
다른 사람이 아는 부분	열린 창	보이지 않는 창
다른 사람이 모르는 부분	숨겨진 창	미지의 창

자아 노출은 어느 정도가 적당할까? 나를 드러내는 것에 따른 긍정적 효과는 상대방과의 커뮤니케이션을 향상하고 스스로 자신의 행동을 깊이 관찰할 수 있다는 데 있다. 적정한 드러냄이 필요하고 그 기준은 전적으로 나 자신에게 있다. 자기 모니터링을 통해서 커뮤니케이션 상황에 따라 나의 드러냄 정도를 점검해 볼 수 있다.

나는 모르고 타인은 아는, 즉 보이지 않는 창에 들어가는 단어들이 나의 긍정적 부분들을 알려주기도 한다. 지금의 나와 앞으로 내가 바라는 나는 다른 모습일 수 있다. 나를 정의하는 단어들을 통해서 내가 어떤 사람인지 정의해 보면 각각의 창에 적힌 단어들이 나를 이해하도록 도와줄 것이다.

활동 1

나의 삶을 이해하는 인생 그래프

살면서 일어난 사건들의 행복 높낮이를 기록해 봅시다. 아래에 기억에 남는 사건을 나열한 후 오른쪽 표에 인생 그래프를 완성해 보세요.

1. 5년 단위로 가로축에 나이를 적고 그 시기의 경험을 떠 올리면서 행복지수를 숫자로 매겨 점을 찍습니다.
2. 현재의 시점까지 점들을 연결하면 상승기와 하락기를 확인할 수 있습니다.
3. 고점과 저점의 사건과 이유를 기록하고 점수가 높고 낮은 이유, 그 당시의 나의 기분과 마음을 함께 적어 정리합니다.

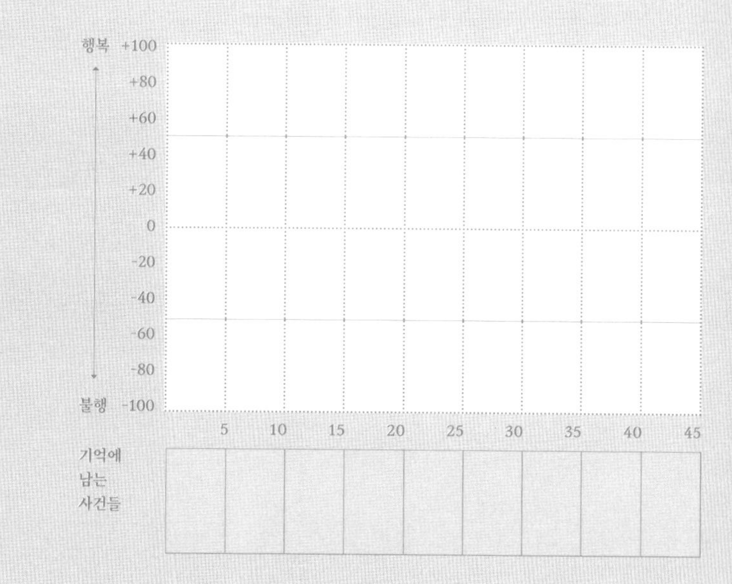
행복
+100
+80
+60
+40
+20
0
-20
-40
-60
-80
불행
-100
5
10
15
20
25
30
35
40
45
기억에
남는
사건들

절정과 침체의 순간 정리하기

첫째, 변화의 주기를 살펴보세요

내 인생에 얼마나 자주 변동이 있었는지 적어봅니다.

둘째, 절정기와 침체기에 무슨 일이 있었나요

관계, 일, 경제적인 이유 등, 어떤 이유로 오르막과 내리막이 정해졌는지 분석해 보세요.

셋째, 굴곡의 깊이를 보세요

처음 인생 곡선을 그릴 때는 감정이 자극되어서 곡선에 굴곡이 많지만 여러 번 반복해서 그릴수록 객관적으로 삶을 바라볼 수 있게 되어 곡선의 굴곡이 완만해집니다.

넷째, 부정적 경험 뒤에는 긍정적 경험이 옵니다

시련을 겪은 후 회복할 때 사용한 인내, 성실함 등의 특성을 살펴보세요. 내가 시련을 어떻게 해결했는지, 얻은 것과 배운 것은 무엇인지 살펴보면 삶의 여러 굴곡에도 불구하고 긍정의 힘을 갖게 합니다.

가장 행복했던 순간과 이유, 나의 기분을 적어보세요

가장 불행했던 순간과 이유, 나의 기분을 적어보세요

활동 2

만다라트를 이용해서 나에 대한 정보를 정리해 봅시다.

만다라트Mandal-Art는 Manda(깨달음), La(성취), Art(기술)의 합성어로 일본의 디자이너인 이마이즈미 히로아키가 자신의 꿈을 이루기 위해 활용한 목표 설정 방법입니다. 가장 가운데 부분에는 이름을 적습니다. 좋아하는 것, 잘하는 것, 관심사, 삶의 목적, 원하는 삶, 되고 싶은 모습, 하고 싶은 것, 싫어하는 것을 8개의 회색 칸에 적고 해당하는 것을 확장해서 8칸도 채우면 됩니다. 회색 칸을 중심으로 적다 보면 내가 좋아하는 것과 내가 원하는 것, 하고 싶고, 되고 싶은 모습의 공통점을 발견할 수 있습니다. 모두 작성한 이후에는 한 장에 나에 대한 정보를 모아 놓을 수 있다는 장점이 있습니다.

<table>
<tr><td></td><td></td><td></td><td></td><td></td><td></td><td></td><td></td><td></td></tr>
<tr><td></td><td>좋아
하는 것</td><td></td><td></td><td>잘하는 것</td><td></td><td></td><td>관심사</td><td></td></tr>
<tr><td></td><td></td><td></td><td></td><td></td><td></td><td></td><td></td><td></td></tr>
<tr><td></td><td></td><td></td><td>좋아
하는 것</td><td>잘하는 것</td><td>관심사</td><td></td><td></td><td></td></tr>
<tr><td></td><td>삶의 목적</td><td></td><td>삶의 목적</td><td></td><td>원하는 삶</td><td></td><td>원하는 삶</td><td></td></tr>
<tr><td></td><td></td><td></td><td>되고싶은
모습</td><td>하고
싶은 것</td><td>싫어
하는 것</td><td></td><td></td><td></td></tr>
<tr><td></td><td></td><td></td><td></td><td></td><td></td><td></td><td></td><td></td></tr>
<tr><td></td><td>되고싶은
모습</td><td></td><td></td><td>하고
싶은 것</td><td></td><td></td><td>싫어
하는 것</td><td></td></tr>
<tr><td></td><td></td><td></td><td></td><td></td><td></td><td></td><td></td><td></td></tr>
</table>

(예시)

<table>
<tr><td>새로운 것
배우기</td><td>향이 좋은
커피 한 잔</td><td>예쁘게
세팅된 식탁</td></tr>
<tr><td>혼자
여유롭게
보내는 시간</td><td>좋아하는 것</td><td>좋아하는
영화 보기</td></tr>
<tr><td>떡볶이</td><td>새로운 만남</td><td>책 읽기</td></tr>
</table>

✦ 심리검사로 이해하는 나

질문에 답하며 기록으로 조금씩 나에 대한 정보를 수집하는 방법이 있다면 표준화된 검사를 통해 나를 이해하는 방법도 있다. 최근 방송에서 MBTI 성격 유형 검사로 서로의 성격 유형에 관해 이야기하는 장면이 나온 이후로 성격 유형 검사에 관한 관심이 커졌다. MBTI 검사는 캐서린 브릭스와 그의 딸인 이저벨 마이어스가 개발한 성격검사로 정신과 의사 카를 융의 심리 유형론을 근거로 만들어졌다.

학창시절에 검사를 받았던 경험이 있지만, 검사에 대해 깊이 생각해 보지 않았던 탓에 결과는 흐릿한 기억이 되었다. 그저 학교에서 진행하는 여러 검사 중 하나로만 여겼다. 학창시절 성격 유형 검사를 받았음에도 우리가 아직도 나를 잘 이해하지 못하는 까닭은 무엇일까? 검사 결과에 대해서 깊이 생각해 보는 시간을 갖지 않았기 때문이라고 생각한다. 검사 결과로 마주하는 나의 모습이 불편할 때도 있고 내 모습이 아니라고 부정할 때도 있었다. 나의 가치 기준에서 내가 좋다고 여기는 것과 다르게 나온 검사 결과에 당황스러울 수 있다. MBTI는 검사지를 일정 시간 답하고 그 결과를 해석 받는 방법으로 진행된다. 그렇다면 검사 결과를 어떻게 받아들여야 할까?

검사 결과를 무조건 수용의 자세로 보기 보다는 내가 가진 나의 특성과 기질에 대해서 생각해 본 후 비교, 분석해보는 것이 좋다. 내가 알지 못했던 측면을 검사를 통해 알게 될 수도 있고, 검사 결과에는 반영되지 않았지만 내가 가지고 있는 다른 면이 있을 수도 있다. '진짜 내 성격 유형'을 알기 위해서는 좀 더 자신에 대해서 고민하고 이해한 이후 검사를 하면 더 분명하게 알 수 있다는 것이다. 마흔 즈음 방황의 시기에 만난 검사는 기존의 나의 반응과 분명 달랐다. 계속해서 '나'라는 사람이 어떤 사람인지 알기 위해 이것저것 해왔기 때문인지 검사 결과로 만나는 '나'도 어색하지 않았다. 외향인이기도 내향인이기도 한 성향, 틀이 있는 것 같지만 자유로움을 추구하는 나의 모습도 검사 결과에 반영되어 있었다.

어떤 상황인지 직접 체크하는 심리 검사는 검사 결과를 신뢰할 수 없는 경우도 있다. 이런 경우의 대부분은 자신의 이상적 모습을 기준으로 검사 질문에 답했던 경우였다. 예를 든다면 자신은 좀 더 자유롭게 생활하는 유형을 가지고 있음에도 계획적이고 규칙적인 성향이 보편적으로 더 낫다는 생각 때문에 검사를 진행하면서 계획적이고 규칙적인 것을 표현하는 항목에 표시하게 된다는 것이다. 이렇게 검사된 결과는 분명 나의 성향과 다르게 나타날 것이다. 내가 어떻게 점검하는가에 따라 결과가 달라질 수 있으므로 검사에 임하는 자세와 결과를 받아들이는 것 또한 객관성이 필요하다. 결과 자체를 맹목적으로 신뢰하는 것보다는 검사 결과와 내가 가진 '나'의 데이터를 놓고 분석하며 생각해 보아야 한다.

강점의 이해와 탐색

"나는 잘하는 것이 없어."라는 이야기를 하던 때가 있었다. 특히나 30대 이후로는 늘 "나는 무엇을 할 수 있는 사람일까?"라는 질문을 마음에 품었다. 해답 없이 빙빙 도는 진로 미로에서 나는 한없이 작아졌다. 경력단절 이후 아이 중심으로 돌아가는 삶에서는 내가 잘하는 것이 무엇인지 떠올릴 수 없었다. 육아에서 했던 행동들은 지극히 평범한 누구라도 할 수 있는 것이라서 특별할 것이 없다고 생각했기 때문이다. 일을 시작하고 싶었던 주변의 엄마들 또한 같은 고민을 하고 있었다. 다시 일해야겠다는 생각은 있지만, 도대체 뭘 잘하는 사람인지 모르겠다는 것이다. 정말 잘하는 것이 없었을까? 아니다. 그는 친화력이 엄청난 사람이었다. 동네에서 모르는 사람이 없을 정도로 마당발이었고, 정보통이었다. 커뮤니케이션 능력이 뛰어났고, 사람들을 모으는 능력이 탁월했다. 모르는 것은 자신뿐이었다.

사람들은 잘하는 점보다는 자신의 부족한 점에 집중할 때가 많다. 약점이 성과를 좌우한다는 것을 인식하고 있기 때문에 강점보다 약점 발견이 더 쉬울 수 있다. 이것은 학교생활을 하면서 학습되기도 하였는데, 국어, 영어, 수학 세 과목의 시험을 본다고 해보자, 국어, 영어 과목의 성적은 100점이고 수학이 50점이었다면 당신은 어디에 집중할 것인가? 아마도 부족한 수학 성적을 올리기 위해서 수학 공부에 집중할 것이다. 수학 점수를 올리는 것이 전체적인 성과를 높이는 방법이라고 생각하기 쉽다. 국어, 영어는 성적을 유지하는 정도만 노력하고 수학에 더욱 많은 시간과 에너지를 투입해서 수학 성적을 올리기 위해 노력할 것이다. 이런 접근 방식은 직장에서 업무를 진행할 때도 나타난다. 혼자서 하는 작업은 잘하는 사람이 여러 사람과 함께 일을 할 때 어려움을 느낀다면, 소통 능력의 부족함이 약점이라고 생각해 인간관계에 관한 책을 읽기도 하고 강의도 찾아보며 약점을 보완하기 위해서 노력하게 된다. 과연 약점을 보완하는 것이 더 나은 전략일까?

학교에서의 시험과는 다르게 우리의 삶은 100점이 만점인 시험이 아니다. 내가 잘하는 것에 집중해서 1,000점, 5,000점, 더 큰 성과를 낼 수 있다는 것을 알아야 한다. 내가 부족한 부분은 그 부분을 잘하는 누군가와의 협업을 통해 해결해 나가면 된다. 시험은 혼자 치르는 것이지만, 우리는 함께 사는 삶에서 서로를 보완하며 살아갈 수 있다. 내가 찾아내야 하는 강점은 지식과 기술을 있게 해준 본질적인 요소들이다. 내가 가지고 있는 본질적인 성향을 알았을 때 내가 가지고 있는 재능을 더욱 개발하여 강점으로 만들어갈 수 있다.

재능은 계발되고 단련되는 과정을 거쳐야 강점이 된다. C는 사무직으로 취업하여 일했지만, 그 일을 지속할 수 없었다. 꼼꼼하게 서류를 검토하고, 정해진 업무를 수행하는 것이 힘들었다고 했다. 사무직을 그만둔 그는 수많은 사람 앞에서 강의하는 강사가 되었다. 재능을 더듬는 과정에서 어린 시절 사람들 앞에서 춤추고 노래하는 것을 좋아했던 것을 기억해 냈다. 사람들에게 주목받기를 좋아하고, 영향력을 주는 것이 그의 재능이었다. 춤추고 노래하는 재능으로부터 그가 가지고 있는 경험과 노력이 합쳐져서 자신이 더욱 잘할 수 있는 강점을 일을 연결하게 된 것이다.

많은 이들이 자신의 강점에 집중하여 성과를 높이기보다는 약점을 보완하는데 시간과 에너지, 경제적인 것들을 사용한다. 두 번째 라운드를 준비하는 우리는 약점을 보완하는 시간과 에너지를 아껴 자신의 재능을 발견하고 강점으로 갈고 닦아야 한다. 나의 마음의 이야기에 귀 기울여 내가 무엇을 원하는지, 내가 지금까지 해온 것들 중에서 잘하는 것, 나를 즐겁게 하는 것들이 무엇인지를 끊임없이 알아채야 한다. 타인이 나를 정의해주는 것들은 오래가지 못한다. 나만의 온전한 강점을 찾기 위해서는 자신을 탐구하는 시간이 필요하다. 강점을 찾아내기 위한 여러 탐색법을 살펴보자. 앞서 경험했던 인생 그래프를 그리며 삶의 굴곡에서 사용한 강점을 발견하는 방법, 경험에서 찾는 방법, 질문하며 찾는 방법, 전문 검사를 통해 진단받는 방법 등이 있다.

57가지 강점 탐색법

1. 경험에서 찾기

오랫동안 해온 일, 내가 만들어 온 성과, 경험들을 이뤘던 방법과 이유를 찾고 기록하는 과정을 통해서 강점을 확인할 수 있다.

2. 타인에게 질문하며 찾기

다른 사람들의 평가 타인의 객관적 시선 안에 내가 발견하지 못한 나의 강점이 숨어 있을 수 있다.

3. 가족이 가진 강점을 통해 나의 강점 찾기

가족력을 확인해 보자. 가족들의 성향, 일, 재능, 장점, 단점들을 통해 나의 강점을 유추해 볼 수 있다.

4. <스트렝스 파인더Strengths Finder>를 통해 찾기

미국의 조사 기관 갤럽Gallup에서 사람들이 자신의 약점을 바로잡기보다 원래 가지고 있던 강점을 개발하면 몇 배나 더 성장할 수 있다는 사실을 발견하여, 이 조사를 토대로 사람들의 강점을 34가지로 정의했다. 177개의 항목으로 되어 있고 30~40분 정도 소요된다. 진단검사 이후 강점 보고서를 받을 수 있고, 전문 코칭을 받으며 강점을 정리하며 이해하는 시간을 가질 수 있다.

5. <강점 진단 VIA>로 찾기

VIA는 24개의 성격 강점 중 자신의 강점을 평가하기 위한 자기 보고형 검사다. 24개의 유형은 창의성, 호기심, 개방성, 학구열, 지혜, 사랑, 끈기, 진실성 등으로 구성되어 있다.

재능을 발견했다면 시간과 에너지, 교육 등의 투자가 필요하다. 재능은 갈고닦아야 강점이 된다. 재능은 모두에게 주어졌지만, 그것을 반짝이게 만드는 것은 나의 몫이다.

새롭게 알게 된 나의 재능 중 하나는 수집이다. 우표 수집도 안 해본 나에게 수집이라는 주제는 생소했다. 보고서를 읽고 분석하다 보니, 수집은 자료의 수집, 즉 배움의 측면이 많았다. 호기심이라는 재능과 연결되어 새로운 정보를 수집하고 그것들을 이용하여 새로운 일을 벌이는 것을 좋아하는 것이었다. 스크랩 폴더에 가득한 정보들, 오픈 채팅방에 공유했던 자료들이 모두 비슷한 맥락이었다. 수집이 하나의 재능으로 여겨지자 시간 낭비로 여겨지던 웹서핑, 강의 듣기, 스크랩 등이 새로운 정보를 입력하는 시간으로 여겨졌고, 그것을 공유하는 시간 또한 기쁨이 되었다. 처음에는 의아하게 느껴졌던 주제가 나의 상황과 연결했을 때, 비로소 나의 것이 되었다.

자신의 강점을 발견하는 것은 인생의 기회비용을 줄이는 것과 같다. 재능 부족을 노력으로 메꾸는 것은 대단한 노력과 시간이 필요하다. 어렵게 부족한 부분을 메꾸었다고 하더라도 시간과 에너지 등이 투입되는 기회비용 또한 크다. 기회비용이 큰 선택이라는 것 자체가 만족스러운 결과를 얻기 어렵다는 뜻이 된다.

강점을 찾는다는 것은 타인보다 잘하는 것을 찾는 것이 아니라, 내가 가진 역량 중 가장 자신 있는 것을 찾는 것이다. 강점은 더 활용하고 약점은 관리하면 된다. 강점을 아는 것에서 끝나면 어렵게 찾아낸 강점이 무용지물이 될 수 있다. 찾아낸 강점의 특징을 정리하고 언제, 어떤 상황에서 내가 이 강점을 사용했는지 생각하고 정리하는 시간이 필요하다. 발견한 강점 중에는 아직 개발되지 않은 강점들도 있을 것이다. 새로 발견한 재능들은 강점으로 사용되도록 개발하면 된다. 아직 많이 사용되지 않았기에 두각을 드러내지 못했을 뿐이다. 드러난 강점과 아직 드러나지 않은 강점들 모두 이미 내 안에 있다. 어떤 강점을 어떻게 드러내고 사용할 것인가는 나의 선택에 달려있다. 재능이 강점의 형태가 될때까지 갈고 닦아 강점으로 만들어보자.

활동 1

경험에서 강점 찾기

나의 삶을 꾸려가는 시간 동안 맞이하게 되는 다양한 순간들. 성취로 즐거운 시간도 실패와 좌절로 어려웠던 순간도 지나 어렴풋하게 기억날 뿐입니다. 성취와 성공의 순간에도, 어려움을 극복하며 자연스럽게 나는 강점을 꺼내 사용했다는 것을 아시나요? 인생의 주요 사건들을 겪으며 느낀 감정과 사용한 강점을 아래 단어들을 이용하여 정리해 보세요.

시기(나이)	점수	사건	느낀 감정	사용한 강점

(예시)

시기(나이)	점수	사건	느낀 감정	사용한 강점
35세	-20	육아로 인한 퇴사	막막함, 두려움	헌신적인

강점 설명 단어

호기심 많은 / 관심 있는 / 열정적인 / 학구적인 / 탐구심이 많은 / 열정적인 / 능숙한 / 성실한 / 충실한 / 주도적인 / 책임감 있는 / 신뢰할 수 있는 / 진지한 / 헌신적인 / 희생적인 / 독립적인 / 자기성찰적인 / 야심을 가진 / 지적인 / 관대한 / 긍정적 마인드 / 재치 있는 / 편견이 없는 / 상호작용 하는 / 에너지 있는 / 박식한 / 친절한 / 배려하는 / 꾸밈없는 / 솔직한 / 두려워하지 않는 / 연구하는 / 조사하는 / 문제 해결 / 정직한 / 통찰력 있는 / 목표 지향적인 / 참을성 있는 / 전념하는 / 효율적인 / 집중하는 / 선택적인 / 직관력 있는 / 정확한 / 다양한 / 냉정한 / 창의적인 / 혁신적인 / 협력적인 / 예술적인 / 도전적인 / 설득력 있는 / 독선적인 / 의지가 확고한 / 확신에 찬 / 배움을 즐기는 / 센스 있는 / 공정한 / 시간 관리를 잘하는 / 부지런한 / 격려하는 / 꼼꼼한 / 정돈된 / 반복하는 / 차분한

STEP 3.

생각이 바뀌는 마인드 세팅

✦ 나의 장애물 알아차리기

자기 이해의 시간을 갖고 자신의 삶을 돌아보기 시작한 사람들에게는 앞으로의 삶에 대한 고민, 지금 마주하고 있는 문제 등 자신만의 이유가 있다. 어떤 이유로 시작하던지 자기 이해의 시간, 자신의 삶을 돌아보는 시간을 갖는 것은 짧은 시간, 단 한 번의 노력으로 쉽게 끝나지 않을 수 있다는 사실을 마음에 담고 있어야 한다. 40년이라는 긴 시간 동안에도 나를 이해하지 못하고 살아왔는데, 한 번에 그것을 해결할 수 있을까? 하루, 한 달, 일 년, 오랜 시간을 단단히 잘 살아가기 위해서는 자기 이해와 성찰의 시간은는 곁에 두어야 한다. 앞 장에서 자기 이해를 통해 자기 삶의 굴곡, 강점들과 보완할 부분을 알아차리게 되었을 것이다. 삶의 굴곡을 마주하는 것이 힘들게 느껴졌을 수도 있고 강점들을 마주하는 과정에서는 생소함을 느꼈을 수도 있다. 삶은 통제할 수 없는 순간을 맞이하기도 한다. 그 순간을 이겨내고 성장하기도 하고, 오랜 시간 끙끙거리며 포기하고 지나치기도 했을 것이다. 과거의 나를 마주하는 시간을 통해서 당신이 할 수 있는 것, 가지고 있는 것들에 대해서 깨닫게 되었다면 어느새 찾아온 가슴의 두근거림을 만나게 되었을 것이다. 방황기를 보내던 나는 방황기 탈출을 위해 애써왔다. 자기 이해 과정과 글쓰기 등을 통해서 '나'라는 사람이 왜 이렇게 살아왔고 내가 해왔던 선택의 공통점들을 깨달은 순간이 있었다. 마흔이 되어서까지도 흔들거리며 진로에 대해 방황을 하는 것이 잘못 사는 것 같이 느껴져 두려움에 휩싸이고 불안하기도 했다. 하지만 그 순간에도 나는 나름의 기준과 선택으로 그 삶을 꾸려 왔다는 것을 알게 되었다. 오랜 시간을 돌아 나는 나에 대한 인색함을 내려놓고 스스로의 삶을 꾸려가기 위해 노력해 왔다는 것을 인정해 주었다.

내가 어떤 사람이라는 것을 마주하고 인정하는 것만으

로도 자신을 괴롭히는 시선을 거둘 수 있었다. 그제야 무엇이라도 할 수 있을 것 같았다. 당신도 자신과 마주하는 시간을 통해서 앞으로의 삶을 더 긍정적인 방향으로 만들어 가고 싶은 마음을 갖게 되었을 것으로 생각한다.

자, 이제 두근거리는 가슴을 진정시키고 드디어 첫걸음을 시작할 때다. 새로운 진로를 위해 이제 무엇을 하면 될까? 긍정의 방향으로 적극적으로 나를 끌어가기 위한 마음 세팅이 필요하다. 자기 이해를 통해 얻은 긍정은 이제 앞으로 나아가기 위한 씨앗이라고 생각하면 된다. 씨앗에 물도 주고 양분도 주며 돌보고 기르는 시간이 지나야 초록빛 싹을 틔우고 자라 열매를 맺게 된다. 긍정의 씨앗도 물과 양분을 받으며 성장의 시간을 지나야 열매를 맺는다. 가능성이 열매로 맺어질 때까지 진득한 성장의 시간이 필요하다. 미로같이 느껴지던 진로의 출구를 찾아 탈출하기 위해서 마흔의 우리는 차근히 나의 벽을 넘는 도전의 기간이 바로 성장의 시간이 될 것이다. 기대감으로 시작했던 도전에 시련을 맞이하게 될 수도 있지만, 시련을 넘어서고 나서야 당신은 단절되었던 세상에 단단하게 설 수 있을 것이다.

성장은 자연스럽게 이루어지는 것이 아니라, 일상적인 습관과 자기 변화를 위한 노력과 실행으로 얻을 수 있다.

성장은 실행과 함께 세트로 움직이는데, 실행이 없다면 성장의 씨앗은 열매는커녕 싹도 틔워보지 못하고 땅속에서 썩어 버릴 수도 있다. 상담으로 만나는 이들의 실행력의 차이는 성과의 차이로 나타났다. 저마다의 속도가 있다지만, 결국은 움직여야 무엇이든 이루어진다. 실행력이 좋은 사람이라고 능력이 더 뛰어난 것은 아니다. 능력의 문제라기보다 개인이 가지고 있는 장애물이 실행 속도를 다르게 한 것이다. 나의 삶의 방향성을 탄탄히 해가려는 과정에서 마주하게 되는 장애물의 정체를 알아보자.

✦ 이 길도 아니면 어쩌지

무엇인가를 계획하고 실행하기 전 완벽히 하려는 마음은 시작을 어렵게 한다. 나 또한 그런 사람 중 하나였다. 무슨 일을 하든지 머릿속으로 몇 번이고 시뮬레이션을 돌려보았다. 성공의 가능성을 수도 없이 점쳐 보며 실패하지 않을 것 같은 확신이 들었을 때만 속도를 내며 움직였다.

흐릿해 보이는 일들을 포기한 경험이 얼마나 많았는지 모른다. 대학에서 컴퓨터 관련 전공을 했고 졸업을 앞두고는 자연스럽게 관련된 분야로 취업을 준비했다. 취업 준비를 하면서도 내가 잘 해낼 수 있을까? 이 길을 선택하는 것이 맞을까? 하는 생각 때문에 피하고 싶은 마음만 들었다. 할 수 있다면 이 길을 멈추고 다른 방법을 찾고 싶었다. 조금 더 쉬운 일, 내가 해낼 수 있는 일을 찾겠다며 지금까지 공부했던 것과는 전혀 상관없는 일을 알아보게 되었다. 다른 길을 가려는 갖가지 이유를 만들어가며 다른 길을 찾았다. 할 수 있는 것 같은 것들을 모조리 찾아 돌고 돌았다. 방황과 실패의 경험이 쌓이자 선택하는 과정이 점점 어려워졌다. 확실하지 않으면 도전하고 싶지 않았고, 확실한 길이 아니면 가고 싶지 않았다. 지금 내 주변에 있는 사람들은 나를 시도하는 것을 좋아하는 사람이라고 생각하지만 지금도 여전히 내가 선택한 이 길이 내 길이 아니면 어쩌나 생각할 때도 있다. 이제는 경험으로 안다. 아무리 머릿속으로 계산하고 또 계산하며 숙고의 과정을 거치더라도 늘 변수가 있다는 것을. 그렇기에 해보지 않으면 확실한 것은 없다는 것을 누구보다 잘 알게 되었다. 누군가의 비결을 가져 온다고 해도 그 방법이 나에게 적합하지 않을 수 있다. 개개인의 성향이 모두 다르기 때문에 같은 방법이라고 할지라도 개인에 맞추어 적용되어야 한다.

새로운 진로를 생각하면서 지금까지 해오던 것들, 일, 환경, 생활 방식까지 바꾸고 싶다는 마음을 가지게 되었다.

새로 들어서게 될 길에 대한 성장을 위한 시간, 에너지, 비용까지 생각하면 더 이상의 실패는 경험하고 싶지 않다. 이 길 끝에 무엇이 있을까 생각하면 할수록 몸을 움직여 실행하는 것은 더욱 어렵기만 하다. 마흔이나 되어서 정하는 진로는 확실해야 할 것만 같은 생각이 머릿속을 휘젓는다.

나 또한 새로 시작하겠다는 결단은 했지만, 막상 새로운 경험들을 위한 내가 시불이 필요한 상황이 되었을 때 자연스럽게 실행으로 옮길지 고민했다. 내가 진짜 원하는 것이라면 마흔이든, 오십이든, 백발의 어른의 모습이든 도전해 볼 가치가 있는 것 아닐까 하는 생각으로 어렵게 실행에 옮겼다. 이 길이 정답일까 고민하며 머뭇거리기보다 행동하며 길을 찾아보는 것은 어떨까? 삶은 정해진 답안지대로 살아지는 것이 아니라 내가 해답을 만들어가며 살아가야 한다는 것을 기억하자.

세상에 헛된 경험은 없다. 지금의 경험이 의미 없게 느껴질지라도 계속해서 나아가다 보면 지금 도전한 경험이 내가 앞으로 하는 일에 모두 연결이 되는 것을 알게 되는 날이 온다. 정해진 것이 없다는 방황에 대한 두려움을 내려놓고 앞으로 경험하고 얻게 될 것들을 기대해 보자. 그 경험이 나를 또 어디로 데려갈지 모르니까.

그럴 시간이 어딨어?

친구들에게 뭘 그렇게 자꾸 이것저것 하냐는 이야기를 듣기도 한다. 공저로 책을 쓰고, 이곳 저곳에서 강의를 하게 되었다는 이야기에도 어떻게 새로운 것들을 계속 시작하고 해나가냐고 대단하다는 반응이었다. 나는 그런 이야기를 들을 때마다 "너도 할 수 있어. 해봐."라고 했다. 내가 특별해서 이것저것 할 수 있는 것이 아니다. 누구든 자신이 원하는 것을 만들어가고 이루어 갈 수 있다. 그것을 경험한 나는 친구들에게 "시작해! 할 수 있어!" 하고 말했다. 하지만 그들은 "아직은 때가 아니야."라고 말했다. 아직 아이가 어리고, 도전할 여력이 없다는 것이었다. 한 친구가 내 책 한 권 있으면 좋겠다고 하길래 나는 뭐라도 써볼 것을 권했다. 그는 말했다. "그럴 시간이 어딨어?"

변화의 시작점에서 만난 이들은 지기 삶의 방향성에 대해서 진지하게 고민하고 꿈꾸었다. 4년이 지난 후 우리 중에는 책을 출간한 사람도 여럿이 있고, 자신의 새로운 일에 도전하는 이들도 있다. 각자 일의 방향성은 다르지만, 자신의 선택으로 무엇이든 이루어 간다는 것은 다르지 않다. 끊임없이 새로운 것들을 만들어가고 자신의 경험치를 높여가고 있다. 그들과 내 친구의 차이는 도전했는가, 하지 않았는가에 있다. 나는 어떤 부류일까? 무엇을 하고 싶다고 생각하면서도 지금은 아니라고 생각하는 쪽일까, 어떻게든 바로 해보려고 하는 사람일까. 조금 더 나은 삶, 조금 더 나은 방향성으로 나아가고 싶은 마음은 있으나 상황과 여건에 막혀 몸은 움직여지지 않는다.

몇 년 전부터 온라인에서 자기 계발을 하는 사람들을 접하게 되면서 나는 깜짝 놀랐다. 시간이 없을 거라고 생각했던 사람들, 분주하고 바쁘게 살아가는 이들이 새벽, 저녁 시간을 쪼개어 자신의 미래를 준비하고 있었다. 내 주변에 이렇게 치열하게 살아가는 이들이 있었던가? 열심히 삶을 꾸려가는 사는 사람들이 이렇게 많다니. 이런 경험이 나를 자극하고 나서야 내 주변에 있는 사람들이 세상의 전부가 아니라는 생각에 정신이 번뜩 들었다. 아이가 100일도 되지 않는 엄마들부터 70대의 어른까지 정말 다양한 사람들을 온라인에서 볼 수 있었다. 마주친 사람들 중에서 출산한 지 얼마 안 된 아기 엄마가 기억에 남는다. 홀로 아이를 돌본다는 그는 프로젝트에서 수행해야 하는 임무들, 숙제들을 하나도 빠짐없이 꼬박꼬박 해내는 것이 아닌가? 오히려 내가 시간이 없고 바쁘다는 이유로 과제를 빠트리기도 했다. 정말 대단하게 느껴졌다. 그 중 어린 아이의 엄마가 더 대단하게 느껴진 것은 나 또한 그 시절의 경험이 있기 때문이다. 나는 큰 아이를 키울 때 수유로 새벽까지 밤잠을 이루지 못하고 밥이 코로 들어가는지 입으로 들어가는지도 몰랐다. 정신 없는 시간을 보낸 기억뿐인데 그는 어떻게 해내고 있는 것일까? 그는 더 나은 자신을 꿈꾸며 결심하고 준비하고 있었다. 시간이 남아 도전하는 것이 아니었다. 절대적 시간이 부족할지라도 절실함, 절박함으로 도전하고 있었다.

아이가 좀 더 크면, 생활이 좀 더 안정되면, 나에게 투자할 시간이 조금 더 생기면…. 이런 이유로 지금 해야 하는 것들을 미루고 있지는 않는가? 도전하고 시작하지 못하는 이유를 만들어내는 것은 아닐까? 지금 생활이나 일에서 압박을 받고 있다면, 혹은 조금이라도 나은 내가 되고 싶은 마음이 있다면 지금이 기회이다. 시간은 모두에게 똑같이 주어진다. 그 시간을 어떻게 쓸 것인가는 나의 선택에 달려 있다. 나를 성장하게 하는 곳에 사용할 것인지, 늘 부족한 시간을 탓하며 흘려보낼 것인지.

✦ 늘 부족하다는 생각

두 번째 공백은 남편의 해외 발령으로 시작되었다. 2년 계약으로 진행되었기 때문에 2년의 육아 휴직과 기간이 맞아 귀국 후 복직할 예정이었다. 그러나 계획과 달리 계약은 2년에서 4년, 4년에서 6년으로 연장되었고 귀국은 미루어졌다. 겨우 적응하게 된 해외에서의 삶이었지만 언제나 다시 한국으로 복귀하게 될 것이라는 불안감을 안고 있었다. 출산, 육아, 해외 살이로 나의 경력은 이을 수도 없는 단절 상태였다. 한국에 돌아가게 되면 무엇을 할 수 있을까? 출산 전에 하던 일을 이어갈 수 있을까? 아이들을 성장할 테니, 나도 무언가는 시작해야 한다는 생각과 함께 불안감이 몰려왔다. 주재 기간에 한 거라곤 아이들을 챙기며, 생존을 위해 중국어를 공부한 것뿐인데 한국에 돌아가면 아무런 소용이 없을 거라는 생각이 들었다. 정말 내가 한 것이 없구나. '나'라는 사람만 떼어 놓고 보니 4년의 세월 동안 이룬 것이 없다는 생각에 우울함이 밀려왔다. 그간 했던 것 중 건질 수 있는 것이 그나마 중국어라는 생각에 학위라도 따볼 요량으로 근처 중국 대학을 알아보았지만, 아침 8시에 시작하여 오후 4~5시까지 이어지는 정규 대학 수업을 등록하기에는 아이들이 너무 어렸다. 썩은 동아줄이라도 붙잡고 싶은 생각에 몇 달을 고민하다 사이버 대학교를 떠올렸다. 사이버 대학일지라도 학위가 있으면 귀국 후에도 무엇인가 할 수 있을 것 같은 생각에 앞뒤 가리지 않고 편입했다. 중국에 거주하는 동안 3학년을 마칠 수 있었고, 갑자기 결정된 귀국에 나머지 1년은 일을 하면서 마무리했다. 학위를 가지고 있으니 내가 해왔던 것의 증명이라는 개념으로 작용하기는 했으나 내가 시작한 일에서는 학위는 크게 의미가 없었다. 학위, 전문성이라는 측면은 늘 발목을 잡았다. 마음먹은 대로 되지 않는 것이 꼭 해당 학위나 자격이 없는 것 때문이라는 생각이 들기도 했다.

왜 그렇게 자신을 부족하다고 여겼을까? 지금은 학위, 학교에 상관없이 그 분야의 인재라면 또 다른 기회들을 만들어갈 기회들이 많이 생겼다. 중국어 실력이 뛰어났으면 어땠을까? 자격증, 학위 등이 필요하지 않았을지도 모른다. 어쩌면 나의 어정쩡한 실력을 자격증, 학위 등으로 채우고 싶었던 것은 아닐까? 나를 부족하게 바라보는 나의 시선 때문에 나는 늘 부족하고 불안감을 품고 있는 사람이었다. 부족하다는 생각이 불러온 불안감으로 강사 자격증, 때때로 이뤄지는 교육 등에 시간과 돈, 에너지를 쏟아부었다. 성장에 도움이 된 측면도 있지만 늘 부족함을 채워야 한다는 시선으로 나를 옭아맸다.

주변의 친구들을 만나면 다시 일하고 싶을 때 자연스럽게 자격증을 준비하는 친구들이 많았다. 물론 자격 과정을 마치고 전문 직종으로 자연스럽게 전환한 친구들도 있지만, 자격증 한 장을 추가하고 끝나기도 한다. 자격 과정 자체가 취업을 보장해 주는 것은 아니기 때문이다. 자격 과정에서 이 일이 나와 잘 맞는지 확인하고 지속적으로 자신만의 길을 찾아가야 한다. 그 과정에서 자신의 일을 새롭게 만들어 가기도 하지만 그 도전의 과정이 두렵기도 하고 취업의 과정까지 가기에는 자격증 하나로 부족하다는 생각

때문에 또 다른 자격증 과정에 등록하기도 한다. 학위나 자격증을 준비하는 돈, 시간과 노력을 들여 어렵게 땄지만 제대로 사용되지 못하고 끝난다면 아쉽지 않을까.

자격 과정, 학위를 위한 과정을 등록하기 전에 솔직하게 물어야 한다. 내가 왜 이것을 하려고 하는지. 정말 필요해서인지, 불안함을 달래기 위해서인지 말이다. 준비하는 분야에 전문성을 보여주려면 자격증이 필요하겠지만 따놓기만 하면 언젠가 도움이 되지 않을까 하는 안일한 생각으로 자격증만 따는 것은 도움이 되지 않는다. 대신 자격증을 기반으로 내가 무엇을 할 것인가를 생각해 보자. 자격증이 있으면 일을 찾는 것이 조금은 유리할 수 있으나, 그 자격증이 취업을 보장하지는 않는다. 자격증은 해당 분야에서 요구하는 기본 능력을 입증할 뿐이다. 내가 일하고 싶은 분야에서의 아르바이트, 자원봉사 등의 실무 경험이 훨씬 더 도움이 될 수 있다.

부족하다는 이유 뒤로 숨으려 하지 말고, 내가 가지고 있는 것들을 먼저 점검해 보자. 생각보다 많은 것들을 가지고 있을 것이다. 그동안 해일했던 분야에서의 경험일 수도 있고, 육아를 경험하며 쌓아온 비결도 있다. 자신에게 이미 존재하는 씨앗을 아직 발견하지 못해 열매 맺지 못했을 뿐이다. 부족하다는 시선보다는 뭐든 해낼 수 있는 존재로 나를 응원해 보면 어떨까?

한 번도 해 보지 못한 엄마의 역할을 우리는 잘 해내고 있지 않은가? 육아라는 영역에 대해 부족한 점도 있지만 우리는 그것을 해내기 위해서 공부도 하고 노력도 한다. 육아도 이론과 실전이다. 부족한 엄마라는 생각은 고단한 엄마의 자존감을 끝없이 추락하게 한다. 아이들은 능력이 출중한 엄마보다 자신을 사랑해 줄 엄마를 원한다. 이미 우리는 어떤 영역에서든 자신의 몫을 감당하고 충실히 해내고 있다는 것을 기억하자. 우리는 부족한 사람이 아니라 앞으로 준비가 필요한 사람일 뿐이다.

✦ 언제까지 노력해야 할까

성공한 사람들의 인터뷰를 보면 공통점이 있다. 미리 준비하고 있다는 것이다. 준비하고 있다가 서퍼가 파도를 기다리듯 기회가 오면 그 기회에 올라탈 수 있는 사람들이었다. 그들에게는 우아한 백조처럼 물 밑에서 바쁘게 다리를 움직이는 순간이 있었다. 성장에는 쌓이는 시간이 필요하다. 저절로 이루어지지 않는다. 준비된 사람은 기회가 왔을 때 행동으로 운을 잡는다.

우리는 이제 막 시작하는 준비 단계에 있다. 이 단계에서 얼마간의 시간이 필요한지 알 수 없다. 성장하기 위해 애쓰는 과정에서 얼마만큼, 어디까지 노력을 해야 하는지 궁금증해질 수도 있다. 부단히 애썼다고 생각했는데 제자리걸음인 것 같을 때면 이렇게 해서 뭐하나? 하는 후회와 함께 우울한 감정이 찾아오기도 한다.

나도 누군가에게 나도 물은 적이 있다. 언제까지 해야 하냐고. 그때 내가 들은 답변은 정말 간단하고 명료했다. 바로 '될 때까지'나. 나에게 오는 성상의 기회를 잡을 때까지 노력하고 준비해야 한다. 누군가는 빙판 위에서 단 한 번의 점프를 성공시키기 위해 수도 없이 엉덩방아를 찧었고, 누군가는 무대 위에서의 아름다운 공연을 위해 매일 토슈즈를 신고 연습하느라 발에 두터운 굳은살을 얻었다. 그들은 왜 그렇게까지 했을까?

일상에서 쉽게 관찰할 수 있는 현상이 있다. 물은 100도에서 끓는다. 그리고 액체의 상태에서 기체로 변한다. 1도만 부족해도 물은 끓지 않는다. 물이 기체로 변하는 그 지점, 임계점은 섭씨 100도이다. 99도까지 온도가 올라갔다고 해서 기체로 변화되지 않는다. 성장의 과정에서 어떤 한계점을 넘어서지 못하면 변화를 만들어낼 수가 없다. 당장 좋은 결과가 나타나지 않는다고 열심히 하다가도 포기하는 경우가 많다.

미국의 신경과학자 대니얼 J. 레비틴은 '1만 시간의 법칙'을 기반으로 하여 하루 3시간 씩 10년간, 즉 1만 시간을 노력하면 누구나 전문가가 될 수 있다고 했다. 1만 시간까지는 아니어도 우리는 100일 완성, 100일 도전처럼 100일을 기준으로 도전하기도 한다. 100일이면 충분히 습관이 들여질 수 있는 기간이다. 100일이라는 기간을 이겨낸 경험과 감정이 또 다른 도전을 위한 양분이 되어 지속적으로 성장할 수 있는 환경을 만들어줄 수 있다. 그렇게 자연스럽게 변화된 자신을 마주할 수 있을 것이다. 미션을 하나씩 성공할 때마다 자신감이 생기고 나에 대한 믿음이 쌓여간다. 임계점을 넘어선 경험은 마음의 소리를 이겨낼 수 있게 했다. 내가 해낼 것을 믿으면 포기하고 싶은 마음이 들 때 "그래, 늘 있는 일이지. 포기하고 싶은 마음이 또 왔구나." 하고 인정하게 되었다.

얼마나 더 해야 하는지 묻지 말고, 내가 목표한 것이 될 때까지 느리더라도 멈추지 말고 단 한 번이라도 종착점에 도착해 보자. 그리고 그 경험을 몸이 기억한다면 해내지 못할 것이 무엇인가? 될 때까지 해보자.

장애물 마주 보기

뭔가 새로 시작하고 싶은 마음과 회피하고 싶은 마음, 양 갈래로 갈라지는 마음 때문에 새로운 도전으로 나아가기가 어렵기만 합니다. 나의 성장 욕구를 막아서는 장애물이 무엇인지 이유와 함께 적어봅시다. 당신을 행동하지 못하게 하는 장애물은 무엇인가요?

1)

2)

3)

✦ 나를 믿는 마인드 세팅

첫 아이를 낳고 새로운 직장을 찾아 이력서를 내는 순간에도, 공백기를 거쳐 전혀 다른 일을 준비할 때도 남편과 아이들은 늘 나를 지지해 주는 든든한 지원군이었지만 성장을 향한 시작점의 가장 큰 걸림돌은 따로 있었다. 나를 제자리 걸음하게 하는 것은 상황이 아닌, 바로 나 자신이었다. 시작하고 싶었다가도 막상 한걸음 떼려하면 훅 다가오는 두려움에 잔뜩 움츠러들어 다시 그곳에 멈춰서고 말았다. 지금도 익숙한 것에서 조금이라도 벗어난 것에 도전할 때 가장 어려운 것은 해낼 수 있는 나를 믿는 것이다. 나를 믿는 믿음이 있을 때 무모해 보이는 일에도 도전할 용기가 생겼다. 나를 믿는 믿음은 어디에서 올까? 늘 자신감이 충만한 사람들도 있지만, 그렇지 못한 이들도 많다. 실패할지라도 믿어주는 누군가가 있다는 것은 무엇이든 도전해 볼 용기를 갖게 한다. 늘 부족하다는 생각에 사로잡혔던 나는 나를 믿고 나아가는 힘이 부족했다. 한번 결정한 일도 자꾸 뒤돌아보며 움츠리곤 했다. 여러 시도를 하고 경험하면서 자신을 향한 믿음이 차곡차곡 쌓였을 때 더 단단해진다는 것을 알게 되었다.

작은 성공을 맛보자

한 번의 성공 경험은 또 다른 성공 경험을 불러온다. 아주 작은 성공 경험일지라도 해냈다는 마음이 중요하다. 아이들에게 칭찬 스티커를 붙여 주는 것도 그와 같은 이유에서다. 스티커 판에 가득한 동그라미들이 뿌듯하게 느껴지게 되면 그 순간 그것을 해온 나를 향한 믿음이 생겨난다.

새로운 시도는 누구에게나 어렵고 망설여지는 일이다. 시도하느냐 하지 않느냐는 어떤 경험을 해왔는가에 따라 달라지고, 나를 믿고 그 믿음으로 도전할 용기를 낼 수 있는가, 아닌가의 차이가 생겨난다.

영어 학습 사이트 '야나두'의 김민철 대표가 강연에서 성공 노하우를 나누었다. 그는 절대로 실패할 수 없는 작은 성공을 경험해 보라고 말했다. 작은 성공 경험이 실패로 좌절하고 낙담한 마음에 자신감을 만들고 다시 일어설 힘을 생기게 한다는 것이다. 자존감이 바닥을 치게 되는 일은 삶의 곳곳에서 존재한다. 실패에 부끄럽고, 무기력함을 느끼게 되어 아무것도 할 수 없다는 생각이 들 때 '하루 3번 양치질 하기' '하루 3번 밥 챙겨 먹기'와 같은 정말 아무것도 아닌 작은 성공의 경험을 쌓았던 것이 묘한 안정감과 자신감을 불어 넣어 주었다고 했다. 그러고나자 다시 무엇인가를 해볼 용기를 갖게 된다.

나에게 의미 있었던 작은 성공 경험은 중국어 학습이었다. 단 한마디도 공부하지 않은 상태에서 중국에 갔다. 두 아이와 살아내기도 빠듯했던 그 시기의 중국어 학습 경험이 무엇이든 도전할 수 있는 믿음, 용기를 주었다. 외국어라고 하면 절레절레 고개를 젓던 사람이었는데, 아픈 아이들을 병원에 데려가겠다는 절박한 이유 때문에 꾸준히 중국어 공부를 했다. 매일 밤 2시간씩 일정 분량의 단어를 외웠고 매일 매일의 작은 노력이 쌓여 의사소통이 가능한 수준이 되었다. 반복되는 실패에 자책하던 시간도 있었지만 이 경험으로 무엇이든 조금씩 하면 된다는 믿음을 갖게 되었다. 시작은 두렵지만 마주할 용기를 갖게 되었다.

실패가 계속된다면 나도 모르게 나를 믿지 못하게 되고 비관적인 관점을 갖게 된다. 결과를 만들지 못해 학습된 무기력에 빠지기도 한다. 나 스스로가 할 수 있는 작은 목표를 삼고 실전해 보자. 달리기가 힘들다면 걷기부터 시작하면 된다. 책 한 권을 읽어내기가 어렵다고 하면 1장이라도 읽는 것을 목표로 삼으면 된다. 나도 할 수 있다는 마음을 갖게 되는 순간 뜨거운 열정도 살아난다. 하루하루의 긍정적인 습관과 행동, 결정이 나를 날마다 긍정적 방향으로 이끌어 줄 것이다.

나의 가치 인정하기

나는 온라인으로 '레드북'이라는 자기이해 프로젝트를 운영하고 있다. 레드북은 온라인 카페를 통해 3주간 미리 제공된 워크지에 매일 제공되는 가이드를 참고하여 자기 이해를 위한 미션을 수행하고 그와 함께 코칭을 하는 프로그램이다. 첫 만남에서 유독 쑥스러워하던 참여자 D는 새로운 상황에 적응하는데 시간이 필요한 사람이었다. 매일 미션을 해나가면서 나의 과거와 마주하는 일은 쉽지 않은 일이다. 특별한 계기가 찾아온다면 삶의 방향을 조금 틀어볼 수 있는 좋은 기회가 왔다고 반길 수도 있겠지만, 대부분에게는 방황하는 힘든 시간이 되는 것 같다. 주어진 엄마로서의 삶을 살아가던 D는 코로나19로 옴짝달싹 못하는 상황, 불안한 상황과 맞물려 자신의 효용에 대해 고민하기 시작했다. 매일의 글쓰기에는 답답함과 미래에 대한 두려움이 가득했다. 어느 것 하나 긍정적으로 바라보기 어려운 상황. 아이와의 관계, 남편과의 관계, 친정과의 관계가 모두 얽혀 그를 힘들게 했다. 지금까지 주어진 역할에 충실하며 살았는데, 아이와의 관계가 틀어지면서 엄마로서의 역할을 잘 해내지 못하고 있다는 생각을 갖게 되었다. 또한 아이의 교육으로 생긴 남편과의 의견 차이에 스스로 '무엇 하나 잘하는 세 없는 사람'이라는 부징적인 피드백을 하고 있었다. 아이를 잘 키우고 가정을 지키는 것이 D의 삶의 전부였기에 자신을 향한 날선 부정적 감정과 피드백은 상처와 무기력함으로 남아 자신을 자책하게 만들었다. 레드북 프로젝트에는 '잘하는 것'에 대해 나의 생각도 적고, 지인들에게 묻는 미션이 있다. 대부분의 참여자들은 타인에게

받는 긍정적인 피드백을 받을 수 있어 즐거운 미션이라고 말한다. 타인이 찾아주는 내가 모르는 긍정성은 나를 기분 좋아지게 만들기 때문이다. 그러나 그는 친구 혹은 가족에게 "내가 잘하는 게 뭐야?" 하고 묻는 문자 메시지조차 보내기 힘들어 했다. 자신이 잘하는 게 없다고 생각하니 타인의 피드백을 받는 것조차 걱정되었다고 한다. 그의 자존감은 아주 많이 흔들리고 있었다. 자기 이해 프로젝트에 참여하면서 과거를 돌아보게 되는 시간이 있다. 과거의 사건을 기억해 보고 그 사건에서 의미를 찾는 과정이다. 과거의 이야기를 여행하며 마음 속에 꽁꽁 감추어 두었던 이야기들을 쏟아냈다. 그 과정에서 그는 부모님으로부터의 사랑, 담임 선생님께 받았던 사랑을 되찾았다. 어려운 상황에서도 포기하지 않고 노력했던 과거의 자신을 기억해 냈다. 과거를 회상하자 힘든 기억이 떠올라 슬프기도 했지만 그 어려움을 극복하고자 했던 노력은 다시 그를 용기 있는 사람으로 만들어주었다. 그렇게 그는 과거의 기억 속에서 자신의 효용에 대한 실마리를 얻었다. 긴 여행을 하고 난 그는 마주하고 싶지 않은 기억에서 내가 나를 믿을 수 있는 믿음이 생겼다고 했다. 그는 늘 그 강점을 가지고 살아가고 있었다. 잠시 잊었을 뿐이다. 그렇게 믿음을 회복하니 무엇인가

하고 싶어졌다고, 무엇을 시작하든지 해볼 용기가 생겼다고 말했다. 나를 믿는 믿음의 회복은 자존감과 자신감까지 함께 회복하게 한다. "이제 무엇이든 해보고 싶어졌어요!"라고 말하는 D의 설레던 목소리가 아직도 생생하다.

자신의 가치를 누군가가 이야기해 준다면 부정하기보다는 긍정적으로 받아들이자. 오히려 가까이에 있는 이들이 내가 모르는 나의 모습을 알고 있을 수 있다. 내가 모르는 나의 모습에 가치 있는 내가 숨어있을 수 있다. 자기 이해 부분에서 소개한 <조하리의 창>을 작성하지 않았다면 다시 한번 작성하면서 나의 가치를 인정하는 시간을 가져보자. 없는 것만 같던 나의 가치를 발견하는 순간 D와 같이 무엇이든 도전해 볼 마음이 생겨날 수 있을 테니까!

나의 정체성 세우기

정체성을 세우는 것은 자신에게 중요한 것이 무엇이고 자신에게 의미 있는 일이 무엇인지를 이해하고 그것을 바탕으로 삶의 방향에 대해 결단을 내리는 것을 의미한다. 정체성은 자신만의 삶의 원칙일 수도 있고, 추구하고 싶은 가치일 수도 있다. 정체성이 뚜렷한 사람은 자신에게 중요한 것이 무엇인지, 자신을 행복하게 하는 순간은 언제인지, 내가 가치롭게 여기는 것, 의미있다고 생각하는 것이 무엇인지를 잘 알고 있다. 그것을 바탕으로 자신을 이해하고 어떤 삶을 살 것인가에 대해 깊이 고민한 순간이 있다면 다양한 선택의 순간에 자신만의 가치를 기반으로 자기다운 결정을 내릴 수 있고 자신의 삶의 주인으로서 삶을 꾸려갈 수 있다.

루이스 클라크 대학교 제프리 아네트 교수는 인간 발달 과정으로 설명되지 않는 새로운 발달 시기가 현대사회에 등장하고 있다고 주장하며 만 18세에서 25세 사이의 시기를 '성인 모색기'라고 명명했다. 정체성에 대한 고민은 학창시절에도 이루어 지지만 삶의 전반에 대한 고민이 생겨나는 순간 정체성에 대한 고민은 깊어질 수밖에 없다. 정해진 길이 없기에 자신의 삶을 단단히 세워가는 과정에서 정체성이 세워진다.

내가 좀 더 가치를 두고 있는 것을 무엇일까? 나의 선택의 기준이 되는 기준점은 무엇일까? 나를 나답게 만들어주는 정체성을 세우고 그것을 선택한다는 것은 강요된 것을 하는 것이 아닌 스스로 움직일 수 있게 하고, 해야 하는 것이 아니라 하고 싶은 것을 알아가게 되는 과정이다. 이 과정은 내가 정말로 중요하게 여기는 가치를 실현하기 위해서 기꺼이 행동하게 돕는다.

나는 성장 욕구가 큰 사람이다. 내가 추구하는 가치는 지금보다 좀 더 나은 사람이 되는 것이다. 사회생활을 통해 무엇인가 성취하고 싶은 마음이 커졌다. 삶이 당당하기를 바라지만 경제 활동의 공백이 커질수록 자신감이 떨어졌다. 나는 어떤 삶을 추구하고 어떤 선택을 해야 하는지 생각해 보게 되었다. 나에게 좀 더 나은 삶이란 누구의 엄마 혹은 아내로 불리는 것보다 독립적인 '나'로서 인정받는 삶이었다. 아이를 돌보다 출산 6개월만에 복직을 했다. 맞벌이를 하면서 워킹 맘으로 사는 것이 쉽지는 않았지만 나라는 존재로서의 인정을 받는 시간이 필요했고 벅찬 순간도 버텨냈다.

각자가 가지고 있는 가치와 삶의 철학은 모두 다를 것이다. 사춘기와 질풍노도의 시간을 지나왔지만 다시 나의 정체성에 대한 고민을 했다. 엄마로서의 삶과 '나'라는 사람의 삶의 방향성 중에 어디에 더 무게를 둘 것인가? 내가 무엇에 가치를 두고 어떤 삶을 꾸려갈 것인지에 대한 자신만의 기준이 필요했다.

많은 엄마들이 비슷한 시기를 겪는다. 아이를 중심에

두고 정체성을 세워가는 이들도 있고 자신만의 활동을 통해서 정체성을 세우기도 한다. 그 과정에서 옳고 그름은 없다. 나에게 더 알맞은 기준과 선택만 있을 뿐이다. 그것이 삶을 꾸려가는 기준이 되어 흔들리는 자신을 지지해 줄 것이다.

✦ 나를 제한하는 편견 넘어서기

E는 공부를 잘하는 학생이었다. 부모님들도 그에 대한 기대가 컸다. 부모님의 기대는 부담스러웠지만 그는 학창 시절 공부를 곧잘 했고 부모님의 기대에 걸맞는 학교로 진학하게 되었다. 학교를 진학하고보니 그곳에 모인 아이들은 전국에서 모인 수재들이었다. 그는 학교만 진학하면 자유로운 생활을 하게 될 것이라 생각했는데, 막상 대학생이 되어서도 끝없이 펼쳐지는 학업과 동기들과의 치열한 경쟁에 대학생활이 힘들기만 했다. 마음이 아프고, 스트레스가 쌓이자 아무것도 즐겁지 않았고, 건강에도 문제가 생겼

다. 부모님의 뜻에 따라 공부하고 졸업했지만, 그는 결국 큰 시험을 포기하고 취직을 하고 결혼을 했다. 그는 부모님의 뜻에 따라 행동하고 자신의 이야기를 잘 꺼내지 못했는데, 남편도 고지식한 편이었다. 그는 본인이 자유롭지 못한 이유를 타인에게서 찾았다. 학창시절 부모님이 정해준 진로대로 살아가는 삶을 선택했던 그는 집안 형편으로 꿈을 포기했던 나와 많이 닮아 있었다. 마음 깊은 곳엔 나의 선택이 아닌 타인이 나의 삶을 좌지우지했다는 생각이 깊게 뿌리내리고 있었다. 하지만 어느 순간이든 나의 선택이 따랐다는 것을 기억해야 한다. 그에게도 휴학, 큰 시험에 대한 부담감, 진로에 대한 고민을 표현할 기회는 분명히 있었다. 부모님과의 마찰, 부모님의 완강함과 마주하기 어려웠기고, 지금까지 해온 것이 아까운 마음에 다른 진로를 선택하는 것이 어려웠다고 한다. 시간이 지나 30대 후반이 되어서도 그는 본인의 부족함을 이야기했다.

E는 경력과 해온 일의 이야기를 들어보면 그는 상위의 역량을 가진 사람이었다. 자신을 향한 부정적 피드백이 그를 한없이 작은 사람으로 만들었고 실패한 사람이라는 틀을 만들어 그 안에 갇히게 했다. 그는 과거의 경험으로부터 강점을 찾는 작업을 통해 어렵고 힘들었던 순간마다 발휘

되었던, 자신만의 도전 정신과 인내심 그리고 무엇인가를 해낼 때까지 끝까지 노력하는 자신의 모습을 만나게 되었다. 그 시간의 그는 누구보다 치열했고, 자신을 긍정적으로 바라보는 사람이었다. 주변에서의 인정은 더더욱 성장하는데 촉매제가 되어 무엇이든 할 수 있다고 생각했다. 그는 그 시기의 자신을 마주하게 되었다. 그리고 나서야 현재 자신이 만들어낸 틀에 갇혀있는 자신을 직면하게 되었다. 타인으로부터 인정을 갈구하는 작은 아이의 모습이었다.

어려운 시간도 용감하게 도전하고 포기하지 않고 끝까지 애쓰며 해내었던 자신의 모습을 기억해 냈고 그제서야 E도 편안해졌다. 과거의 부정적 피드백이 지금까지 이어온 것을 알게 되었고 끊어내야겠다는 다짐을 했다. 프로젝트를 마치며 나를 가두었던 것은 그 누구도 아닌 '나'였다고 말하는 그의 자유로운 내일이 기대된다.

편견 깨기

나도 모르는 사이 편견으로 자신을 제한하고 있다면 편견을 깨기 위해 이 방법을 사용해 봅시다.

1. 나를 가두는 편견 찾기
2. 편견이 자신을 어떻게 제한하는지 객관적으로 확인하기
3. 어떤 사람이 되고 싶은지, 어떤 행동을 하고 싶은지, 어떤 감정을 느끼고 싶은지 정하기
4. 원하는 모습, 행동, 감정을 성취할 수 있다고 확언하거나 그렇게 하도록 용기를 주는 문장을 작성하고 지속적으로 읽고 실행하기

자존감과 잠재력

프로젝트로 인연이 된 F의 이야기이다. 그는 늘 "저는 자존감이 낮아요."라고 말했다. 자신을 바라보는 시선, 타인으로부터의 평가가 힘들기만 하다고 했다. 하지만 첫 소개를 할 때부터 그는 참 단단한 사람으로 느껴졌다. 상담을 하면서 그에게 충분히 멋진 사람이고, 이미 그만의 매력을 가지고 있다고 이야기했지만, "그런가요?"라고 답할 뿐 믿어지지 않는다는 반응이었다. 프로젝트 기간 중에 쓰여진 그의 글에는 내면의 단단함이 느껴졌다. 자신감도 있었고 삶에 대한 자신만의 기준이 확고한 듯했다. 그런데 왜 그는 자존감에 대해서 이야기 했을까? 그가 적어내려가는 어린 시절의 이야기 속에 답이 있었다. 그는 어린 시절 받았던 부정적인 피드백, 부모님과의 갈등 때문에 자신을 제대로 바라볼 수 없었다. 그저 힘없는 어린아이였던 그 시간의 정서를 성인이 되어서도 마음 깊은 곳에 담고 살아가고 있었다.

마음 깊은 곳에 자리했던 작은 아이는 우울할 때, 그가 무엇인가를 하려고 도전할 때, 힘든 일이 있을 때 더 크게 힘을 발휘한다. 자신을 약하고 부족한 존재로 보게 만들고 입버릇처럼 자존감이 낮다는 말을 하게 된다. 프로젝트를 통해서 자신과의 깊은 대화의 시간을 갖게된 그는 과거의 시간들을 돌아보면서 지금 자신이 가지고 있는 부정적 생각의 출발점을 찾아냈다.

본인 스스로 느끼고 찾아낸 힌트들은 큰 힘을 갖는다. 코칭, 상담, 컨설팅 모든 영역에서 참여자 본인이 인정하지 못한다면 아무리 말해도 변화가 일어나기 힘든 것이 사실이다. 참여자 본인의 의지가 굉장히 중요한데, 그는 낮은 자존감의 원인이 무엇인지 알아내고 싶다는 마음이 간절했기에 찾아낼 수 있었다.

그는 어린 시절 받았던 수많은 부정적 피드백을 떨쳐 내려 쓴 글에 자신이 가지고 있었던 부정성의 뿌리를 찾아 흘려보냈다. 몇 장을 갈등 때문에 자신을 조금이나마 가벼워진 마음이라고 했다. 나는 그의 이야기와 적어 내려간 간절한 글들 속에서 마주한 그가 가진 내면의 힘을 다시 한 번 말해주었다. 그는 과거의 자신이었다면 그저 위로일 뿐이라고 생각하여 믿지 않았을 거라고 했다. 하지만 부정성의 뿌리를 잘라내고 나니 이제야 긍정적 피드백을 온전히 믿을 수 있다고 말했다. 그는 나만을 위한 온전한 시간, 여행, 하고 싶지만 두려움에 하지 못했던 일들을 생각하며

"저 이제 하고 싶은 것들이 정말 많아졌어요."라고 말했다. 이제 앞으로 그는 하고 싶은 것들이 더욱 많아질 것이고 잘 해낼 것이다. 무엇보다 부정성의 뿌리를 마주하고 잘라내었다는 것이 앞으로의 삶에 큰 영향을 줄 것임을 안다. 지속적으로 커뮤니티에서 소식을 전해 주는 그의 이야기는 나에게도 도전이자 위로이다.

존 맥스웰의 『존 맥스웰 리더십 불변의 법칙』에서는 아무리 포부가 커도 "리더십은 잠재력의 한계에 제약을 받고, 자존감에도 똑같이 영향을 미친다"고 말한다. 사람은 결코 자신의 자아상을 넘어설 수 없다. 자기 신뢰, 자기 확신, 자기 존중이 결여되어있다면 다른 어떤 자산을 소유하든 결핍이 한계를 정하게 된다. 결국 스스로 가치를 낮게 평가하면 세상도 나를 그만큼의 가치로 평가할 것이다.

부정의 언어를 긍정의 언어로 바꾸기

자신과의 대화를 떠올려 봅시다. 당신은 자신에게 어떤 말을 건네고 있나요? 자기도 모르게, "나는 못해." 라는 말을 하고 있지는 않나요? 이런 언어는 자기도 모르게 자신을 가치 없는 사람으로 생각하게 합니다. 자신에게 긍정적인 말을 하는 것으로 변화의 시작을 열어보세요.

나도 모르게 나에게 쏟아냈던 부정의 말들이 있다면 적어보세요.

부정의 말을 긍정의 말로 바꾸어 말해보세요.

STEP 4.

달라지고 싶다면, 주체적 삶 시작하기

주체적인 삶 시작하기

자기 이해를 통해 나를 마주하고 변화할 수 있겠다는 씨앗을 마음에 품게 되었을 때 나는 열정에 불타올랐다. 뜨거운 열정으로 빠르게 무엇이라도 해낼 수 있을 것 같아 뭐든 하고 싶은 마음만 앞섰고, 성과를 내는 더 빠른 길은 없는지 두리번거렸다. 누가 나의 물음표에 시원하게 답을 줄 수 있을까? 멘토를 찾고 또 찾았다. 시간이 지나고나자 분명 방법을 찾아다녔는데도 돌고 돌아 제자리를 빙빙 도는 것 같았다. 누군가의 방법을 조금 경험하다가 다른 방법이 더 빠를 것 같으면 불안한 마음에 자리를 지키지 못하고 방황했다. 그렇게 우왕좌왕하는 동안 시간만 흐르고 성과는 미비했다.

엄마들에게는 우리 아이가 자기 주도가 되는 아이로 자라 주었으면 하는 마음이 있을 것이다. 아이들에게 바라고 있는 '자기 주도성'을 엄마인 나는 가지고 있을까? 그림책 정서 프로그램에서 『나는 나의 주인』이라는 그림책으로 아이들을 만났을 때가 있었다. 아이들에게 "너는 너의 주인이야. 주인으로서 자기 자신을 잘 돌봐주고, 자기 일을 스스로 처리할 수 있어야 해. 자기의 삶을 책임지는 주인으로서 주체적인 삶을 당당히 살자."는 메시지를 전하려고 프로그램을 준비하면서 나는 한없이 부끄러웠다. 정작 그 말을 하는 나는 내 삶의 주인으로 살고 있지 않다는 생각이 들었기 때문이다.

주체적인 삶을 시작한다는 것은 '나'만의 기준을 세워가는 것이었다. 나만의 기준은 삶의 선택 기준이 되어 어렵게만 느껴지는 의사결정도 수월하게 하도록 돕는다. 나만의 기준이 생긴다는 것은 나를 알고, 내가 원하는 것들을 아는 과정에서 생긴다. '나다움'이 기준이 되는 것이다. 나다움은 타인이 정해 줄 수 없다. 그러나 우리는 나의 삶의 주도권을 누군가에게 쉽게 맡겨버리려고 한다. 누군가가 결정해 주기를 바라고 누군가가 이끄는 데로 살아가려고 한다. 잠시 멈추어 나의 기준을 세우는 그 시간을 절대로 아깝게 생각하지 말고 투자하기를 바란다.

자기 이해 프로그램을 운영하면서 생각보다 많은 사람이 규칙적인 삶을 사는 것을 어려워한다는 것을 알게 되었다. 너무도 간단하게 여겨지는 삶의 리듬도 이리저리 바쁜 삶에 치이다 보면 해내지 못하게 된다. 더 나은 삶, 성장을 위해 자기계발을 선택해 보아도 마음처럼 되지 않아 답답하기만 하다. 애쓰고 있지만 마음대로 되지 않는 이유는 무엇일까? 질문과 같은 물음이 지속된다면 자기계발의 계기부터 짚어 보아야 한다. 나의 내적 동기로부터 출발한 것인지 말이다. 즉, '하고 싶다'와 '해야 한다'를 구분해야 한다.

끝까지 지속하는 힘이 있는 사람들의 공통점은 자기 관리가 습관으로 잡혀 있다는 점이다. 자기 관리가 된다는 것은 자신의 삶을 계획하고 유지해 나가는 통제 능력이 있다는 뜻이다. 자신을 위해 소소하게 자리 잡은 습관을 매일 실천한다는 것은 작은 성공을 경험할 확률이 높아진다는 것을 뜻한다. 그들은 스스로 선택한 것을 책임감 있게 해낸다.

도전했지만 끝까지 해내지 못하는 경험은 계속 반복될

경우 자존감에까지 영향을 준다. 지속된 패배감은 스스로를 자책하게 하고 무기력하게 만들어버린다. 이러한 이유로 자기계발은 개인의 일상을 세우는 자기 관리부터 시작되어야 한다. 자신의 삶을 책임 질 수 있는 기초 체력이 있을 때, 일을 벌이고 감당할 수 있는 여력이 생긴다.

『손잡아줄게요』를 쓴 나의 멘토 이영미 작가는 20년이 넘는 시간동안 교사로 일하면서 아이들을 잘 키워낸 엄마이고 사랑받는 아내이다. 선생님과 만남에서 가장 기억에 남는 것은 일상을 세워야 한다는 메시지였다. 구체적으로 어떻게 하라는 말인지 처음에는 알지 못했다. "저 일상에서 매일 잘살고 있어요. 집안도, 하는 일도 딱히 문제없이 돌아가고 있어요." 매일 매일 열심히 살라는 거겠거니 받아들이며 그 말을 대수롭지 않게 흘려보냈다.

우리는 여러 이유로 일상이 무너지는 경험을 하기 전까지 이 말의 속뜻에 대해서 깊게 생각하지 못한다. 예상치 못한 사건이 생기거나, 혹은 가족 중 누군가가 아프기라도 하면 매일 똑같이 반복되던 삶의 방식 자체가 흔들리게 된다. 코로나19로 아이들의 등교, 출퇴근이 재택근무로 바뀌는 변화의 과정에서 우리가 살고 있던 일상은 흔들리거나 무너져 내렸다. 아이들은 아이들대로, 부모들은 부모들

대로 불안했고 힘에 부쳤다. 그제야 일상을 세우라는 그의 말이 와 닿았다. 일상을 단단히 세워 놓는다는 것은 새로운 변화 앞에 흔들림 없이 나아갈 힘을 기르는 것이었다.

새로운 일을 시작하게 되었다고 가정하자. 이전과 이후가 완벽히 같을 수는 없겠지만 일에 집중할 수 있는 일상의 안정감이 있다면 성과를 내도록 일에 집중하여 몰입할 수 있을 것이다. 하지만 일상의 변수가 지속해서 발생하고 그곳에 신경이 분산된다면 일에 집중할 수도 가정에 집중할 수도 없다.

코로나19 이후 아이들과 남편의 시간을 조율하고 평소와 다름없이 가정이 돌아가는 패턴을 만들어야 했다. 아이들은 아이들의 일상을 살아내고 남편은 남편대로의 일상, 나는 나의 일상을 세우는 것이 필요했다. 각자의 일상이 맞물려 가정이 안정을 찾고 가정의 안정은 일에 영향을 준다.

일상 관리 점검하기

지금 나의 일상은 어떨까요? 일상 관리 점수는 어느 정도 되는지 체크해 봅시다. ○가 6개 이상이라면 보통, 9개 이상이라면 일상의 관리는 잘 해내고 있다는 뜻입니다. ×가 더 많다면 각각의 질문에 이유를 적어 봅시다. 공통으로 언급되는 이유를 살펴보면 일상 관리가 되지 않는 이유를 찾을 수 있습니다.

- 나는 하루 세끼를 잘 챙겨 먹는다. (○, ×)
- 수면 시간이 하루 평균 6시간은 된다. (○, ×)
- 일주일 2~3회 운동을 하고 있다. (○, ×)
- 달성하고 싶은 목표를 꾸준히 노력하고 있다. (○, ×)
- 시간을 어떻게 사용하는지 알고 있다. (○, ×)
- 이유 없이 바쁜 경우가 거의 없다. (○, ×)
- 하루가 어떻게 지나갔는지 잘 알고 있다. (○, ×)
- 무기력한 경우가 거의 없다. (○, ×)
- 건강 관리를 하고 있다. (○, ×)
- 짜증과 화가 올라오는 경우가 드물다. (○, ×)
- 규칙적인 생활을 한다. (○, ×)
- 매일 하루를 점검하는 시간을 갖는다. (○, ×)

✦ 에너지 관리 시작하기

사람마다 가지고 있는 에너지의 총량은 며칠 밤을 새워도 멀쩡한 사람, 수면 시간이 1시간만 줄어도 다음날 맥을 못 추는 사람 등 저마다 다르다. 상대적으로 체력이 좋은 나는 에너지를 몰아서 사용해도 정신력으로 며칠은 버틸 수 있었다. 마흔 즈음 확실해진 것은 점점 에너지 충전이 오래 걸린다는 것이다. 에너지가 방전되지 않도록 적절한 관리가 필요하다는 것을 절실하게 느끼는 중이다. 나는 엄마이자 일하는 여성으로 여러 역할을 감당하고 있기 때문에 에너지를 한 곳에만 사용할 수 없었다. 강의 준비를 위해서 밤을 새우게 되면 오랫동안 후유증에 시달리고 에너지 고갈 상태는 아이들에게 예민하게 반응하는 것으로 연결되었다. 일에 집중한 나머지 새벽 시간까지 사용해 버리게 되면 다음 날은 여지없이 엉망이 되었다. 이런 일을 방지하기 위해 촉각을 세워 몸 상태가 바닥을 치지 않도록 점검하고 돌보아야 한다.

최상의 몸 상태를 위해 필요한 것들 생각하기

- 필요한 수면시간은 최소 몇 시간인가요?
- 식사는 잘 챙겨 먹고 있나요?
- 건강한 음식을 먹고 있나요?
- 적절한 운동을 하고 있나요?
- 적절한 휴식을 취하고 있나요?
- 스트레스 해소를 위한 나만의 방법이 있나요?
- 건강한 마음을 위해 하는 나만의 활동은 무엇인가요?

어른이 되어 모든 책임을 내가 져야 한다는 생각에 감정을 표현하고 인지하는 것이 어려웠다. 무엇보다 괜찮지 않은 상황도 괜찮다고 여기며, 이 정도는 해내야 한다는 생각으로 버티고 버텼다. 나의 상태를 점검하는 것이 필요하다. 육아, 일, 여러 역할을 요구하는 요즘의 상황에서는 적절한 에너지 배분이 필요하다. 건강한 신체는 건강한 정신을 만든다. 일에 몰두하는 순간 나를 잊고 에너지를 몽땅 쏟아부어 몰입하기도 한다. 꾸준히 오래 지속하려면 에너지를 쏟는 열정만으로는 지속할 수 없다. 건강과 가정, 일의 지속성을 위해서 에너지를 챙겨야 한다.

우리는 에너지를 적절하게 사용하고 있을까? 우선순위에 맞추어 시간뿐 아니라, 에너지도 제한해서 사용해야 한다. 에너지 도둑들을 찾아 불필요한 에너지 소비를 제한하자. 만나서 하소연만 하기 바빠서 내 이야기는 듣지 않는 지인, 자기 일을 은근슬쩍 나에게 미루는 동료, 아이의 학교생활을 비교하게 만드는 옆집 엄마, 건강하지 못한 습관들, 불필요한 외출 등, 나의 에너지를 빼앗아가는 상황이 무엇인지 생각해 보자.

각자의 상황은 모두 다를 수 있다. 나의 에너지가 어디에 가장 많이 사용되고 있는지 내가 원하는 방향으로 에너지를 흘러가게 하기 위해서는 어떤 변화가 필요한지 생각하는 시간을 가져보는 것이 필요하다. 그리고 에너지 낭비를 발견한다면 나의 에너지를 빼앗아가는 것들을 단호히 정리하자. 그 과정에서 나의 결단이 무엇보다 중요하다. 내가 사용할 수 있는 에너지는 정해져 있다는 것을 기억하자.

감정 관리

최근 내가 가장 많이 느끼는 감정은 무엇인가? 나의 감정을 알아차리는 것만으로도 생활의 기복을 줄일 수 있다. 열정에 불타올라 무엇이든 도전하던 때도 있고, 무기력해져 언제 열정적으로 달리던 사람인가 하는 의문이 들게 아무것도 하지 않는 때도 있다. 감정이 나의 생활을 잠식해버리도록 두지 말고 하루하루의 감정을 알아차려 보는 것은 어떨까? 적절한 감정의 이름표를 달아주고 그 감정을 느끼는 이유에 대해서 생각해 보자. 자신의 긍정적 감정을 잘 관리 할 수 있다면 좋은 성과를 낼 가능성이 커진다.

생각해 보면 누구나 가족과의 불화, 인간관계에서 오는 스트레스와 불안들이 자신을 지배하고 그것에 집중하게 되어 하는 일에 영향을 받았던 경험을 해 본 적이 있을 것이다.

자신의 감정을 잘 관리 하는 사람은 흔들림이 상대적으로 적을 수밖에 없다. 내 감정이 알려주는 작은 신호와 꾸준히 대화하는 것은 주체적 삶을 꾸려가는 데 큰 영향을 미친다.

나를 불편하게 하는 감정들

- 날짜를 적어보세요.
- 구체적이고 객관적인 상황을 적어보세요.
- 나의 감정, 기분, 느낌을 적어보세요.
  (최대한 구체적으로 적기)
- 감정을 느낀 강도는 어떤가요? (점수로 1~5점)
- 최근 이 감정을 얼마나 자주 느끼는지 적어보세요.

1)

2)

3)

건강 관리

건강한 몸에서 건강한 정신이 나온다는 말처럼 건강한 몸은 긍정적 생각뿐 아니라, 오래 지속할 수 있는 끈기를 준다. 건강한 사람은 활력이 넘친다. 그 에너지로 삶을 긍정으로 끌어간다.

코로나19로 외출, 지속하던 운동을 멈추게 되었다. 몸은 점점 찌뿌둥해지고, 어깨는 딱딱하게 굳고 등은 갈라지는 느낌에 다리는 퉁퉁 부었다. 먹는 것은 그대로인데 움직임이 줄어드니 몸무게는 정점을 향해 달려가고 있었다. 잘못된 식습관과 게으른 습관은 하루 사용할 수 있는 에너지에도 영향을 미쳐서 늘 피곤하고 힘들게 만들었다. 피곤하고 힘드니 짜증이 늘어나는 악순환. 그 고리를 끊어내야 했다. 나의 생활 습관을 점검해 보자. 건강한 몸은 도전의 조력자이다.

생활 습관 체크 하기

- ☐ 적절한 운동을 하고 있나요?
- ☐ 영양제를 챙겨 먹고 있나요?
- ☐ 물을 하루 2L 이상 마시고 있나요?
- ☐ 건강검진을 받았나요?
- ☐ 수면 패턴에 신경쓰고 있나요?

건강 관리와 에너지 관리는 연결된다. 몸의 건강과 정신의 건강은 뗄 수 없기 때문이다. 체력적 기본기가 있는 사람들은 꾸준히 무엇인가를 지속할 수 있다. 그러나 마음과 달리 몸이 따라주지 않는 경우도 많이 보았다. 바쁜 일상에서 중요하지만 급하지 않은 일들은 미뤄지기 마련이다. 건강을 위한 행동들이 중요하다고 생각하면서도 정작 급한 일들을 처리하느라 미루기도 한다. 꿈을 이루고 싶다면 건강 관리부터 시작하라고 말하고 싶다. 출발선에 서기 전 기초체력을 다지며 준비하는 시간이 필요하다.

작가들에게 글쓰기가 가장 중요하다고 생각할 수 있다. 하지만 작가들은 공통으로 글쓰기를 위해 체력의 중요성을 이야기한다. 몇 시간이고 몰입해서 글을 쓰는 직업을 가진 그들에게는 움직이는 시간이 꼭 필요한 것이다.

나만의 루틴 만들기

건강 관리를 위한 계획을 적어보세요.

(예시)

- 기상하자마자 따뜻한 물 한 잔 마시기
- 기상 후 15분 스트레칭하기
- 건강한 음식 먹기 (밀가루, 설탕, 음료 멀리하기)
- 엘리베이터보다 계단 이용하기
- 가까운 거리는 걸어 가기

내가 갖고 싶은 습관 목록을 작성해 보자. 해내야만 하는 것이 아닌 하고 싶은 것으로 선택하다 보면 생각보다 많은 습관이 떠오른다. 다른 사람들이 좋다고 하는 습관들 보다는 나의 삶을 풍요롭게 해줄 습관에 대해 생각하는 것이 중요하다. 습관은 그 사람에 대해서 말해 준다. 어떤 가치관과 특징을 가진 사람인지 말이다.

새로운 습관을 다짐하고 작심삼일로 끝나버리는 경험을 한 번쯤은 해 보았을 것이다. 나 역시 그랬다. 한 번에 여러 습관을 만들어 빠르게 변화하고 싶은 욕심 때문이었다.

무리한 시도는 빠른 포기를 가져오기도 한다. 습관을 만들 때는 아주 작은 것, 간단하게 성공할 수 있는 작은 습관부터 시작하고 거기에 덧붙여 새로운 것을 시도하라고 말한다. 만들어가고 싶은 습관에 우선순위를 정해 습관 목록을 나열해 보자. 욕심껏 너무 많은 습관을 갖고 싶은 것은 아닌지 점검하는 것은 필수다. 자신이 가지고 있는 좋지 않은 습관도 기록하고 절제하자. 나쁜 습관을 제거하는 것도 습관 관리의 영역이다.

습관을 정착시키기 위해서 강제적 방법을 동원하기도 하는데, 같은 습관을 만들고 싶은 이들이 모인, 일명 '챌린지'에 참여하는 것이다. 혼자 습관 만들기를 위해 애쓰는 것보다 시스템 안에 들어가게 되면 성공할 확률이 높아진다. 새벽 기상, 운동 등 자신이 유지하고 싶은 습관을 위한 도전을 찾아보고 함께하는 것도 좋은 방법이다. 안 하면 이상할 정도로, 지속해서 생각없이 할 수 있을 때까지 반복해 보자. 의식적으로 하지 않아도 자연스럽게 내 몸에 익혀진 습관이 만들어질 것이다.

내가 가장 먼저 갖고 싶은 습관은 무엇인가? 한 가지의 작은 습관부터 시작하자. 처음은 어렵겠지만 습관이 된다면 어느새 그것을 해나가고 있는 나를 발견하게 될 것이다.

여섯 가지의 습관 형성 과정

1. 습관을 통해 얻고 싶은 구체적인 모습을 떠올려요

자신에게 맞는 구체적인 목표 없이 새로운 습관을 만들려고 한다면 결과적으로 엉뚱한 방향으로 나아가 지속하지 못하게 됩니다.

2. 작은 습관부터 성공 경험을 만들어요

습관을 만들려는 마음을 가졌을 때 우리도 모르는 사이에 무리한 습관을 설정하기도 합니다. 그럴듯한 모습에 설정했던 목표는 실천하기 어려워 실패를 반복하다 이내 포기하게 만들어요. 쉽게 해낼 수 있도록 작은 습관부터 정해서 실행해 보세요.

3. 습관을 수치로 설정해요

습관을 설정하다보면 운동하기, 명상하기, 일기 쓰기와 같이 확실하지 않은 목표를 설정하기가 쉬워요. 습관을 수치화하여 달성 여부를 점검하면 성공으로 갈 확률이 높아져요. '매일 밤 잠자리에 들기 전 5분간 일기 쓰기'와 같이 구체적인 목표를 정해보세요.

4. 한 번에 하나씩 습관을 길러요

계획을 빽빽하게 세워 놓으면 다 해내지 못하는 자신을 자책하는 일이 생겨요. 할 수 있는 한 가지의 습관을 제대로 실행하고, 익숙해지면 하나를 더 늘려가 보세요. 습관은 하루아침에 생기는 것이 아니라 매일 지속해야 내 것이 됩니다.

5. 들이고 싶은 습관을 주변에 알려요

"나 오늘부터 다이어트야.", "매달 책 3권씩 읽을 거야." 내가 계획한 습관을 입 밖으로 내어 주변에 알리면 책임감이 생깁니다.

6. 습관 짝꿍을 만들어요

함께 손잡고 달려줄 사람이 있다면 얼마나 신날까요? 서로의 발전을 응원하면서 끝까지 도전할 힘을 주는 습관 짝꿍을 만들어보세요.

단, 욕심껏 많은 습관을 한꺼번에 만들려고 하다 보면 이것도 저것도 안 되는 상태가 될 테니 주의하며 한 번에 한 가지 습관에 집중한다. 이것이 정착되면 다음 습관을 하나 더 추가하는 방식으로 습관을 늘려나간다.

습관은 다른 걸 할까 말까 비교하며 하는 것이 아니다. 그 행동을 할 때 생각할 것도 없이 그 행동을 하게 되는 것이다. 아침 양치질을 할 때 우리가 고민하지 않듯 의지를 꺼내어 쓰는 것이 아닌 매일 자연스럽게 반복되는 일상 루틴으로 만들어가는 것이다.

습관 목록 작성하기

갖고 싶은 습관 목록을 작성해 보세요.

1)

2)

3)

4)

시간 관리

엄마들은 언제나 시간 관리가 필요하다. 뭐가 그렇게 바쁜지 정신을 차려보면 저녁이다. 눈뜨면서부터 아이들을 챙기고, 돌아서면 끝없는 집안일이 펼쳐져 있다. 이것저것 정리하면 또 다시 아이들과의 전쟁이 시작된다. 엄마의 하루는 한 것도 없는데 끝나버린다. 이렇게 아이들이 성장할 때까지 시간을 보내면 엄마는 아무것도 하지 않은 기분이다.

어떻게 시간을 관리해야 할까? 시간 관리의 중요성은 누구나 이야기하지만 시간 관리를 어떻게 해야 하는지 학습하지 않으면 알 수가 없다. 시간의 사전적 정의를 살펴보면 '어느 한 시점, 시각과 시각 사이의 간격 또는 그 단위'라고 정의한다. 시간에 대한 이렇다 할 정의를 내리고 있지 않은 사람들도 시간의 중요성에 대해서는 알고 있다. 시간이 금이다, 시간은 돈이다. 등의 말로 시간의 귀중함을 이야기한다. 시간은 제한된 자원이지만 누구에게나 똑같이 주어진다.

시간을 효과적으로 관리할 줄 아는 사람은 인생을 지배할 줄 아는 사람이라고 했다. 시간 관리를 효과적으로 하지 못하면 시간에 쫓겨 스트레스를 받는 것이 일상이 되고, 생각만 할 뿐 정작 무엇인가를 실행해 성과를 내기 어렵다. 너무 바빠 정신을 차릴 수 없는 경우도 있고, 서두르다 보면 잦은 실수가 생기기도 한다. 시간 관리를 위해서는 우선순위가 중요하다. 이 책을 읽는 독자라면 발전적으로 시간을 쓰고 싶은 마음이 있을 것이다. 그렇다면 어떻게 시간을 만들 것인가.

G는 남편과 아이를 챙겨 보내고 나면 집안일을 했다. 집안일을 하고 나면 어느새 아이가 돌아올 시간이고, 그 이후의 시간은 아이들을 챙기느라 하고 싶은 일할 시간이 부족하다며, 아이의 수면 시간이 늦어 저녁에 다른 일을 하기는 힘들다고 했다. 그의 이야기를 듣고 나는 제일 중요한 것은 규칙적인 생활을 하고, 아이의 수면 시간을 당기는 것이라고 했다. 아이의 수면 시간을 당기기 위해서는 저녁 식사 시간을 당기고 이른 저녁을 먹는 것이었다. 그렇게 기준을 정하니 가장 우선으로 바꿔야 하는 것이 생겼다. 저녁을 미리 준비하고 저녁 시간을 아이와 온전히 보내고 일찍 잠자리에 드는 것이다. 그리고 아이가 잠든 시간에 개인 시간을 확보하거나 함께 일찍 잠들고 이른 새벽 시간을 확보하는 것이다.

시간이 없다고 하지만, 흐르는 데로 시간을 두는 경우가 많다. 시간이 많다고 생각하면 더욱 쉽게 시간을 흘려보낸다. 바쁘게 일할 때는 시간을 쪼개어 사용하면서 무엇이라도 하려고 노력하지만, 시간이 많다는 생각이 들 때는 하지 않아도 되는 것들을 하면서 시간을 흘려보내기도 한다.

효율적인 시간 관리를 위해서는 사용하는 시간의 흐름을 파악하고 나의 가용 시간을 알아야 한다. 시간 가계부를 적어 내가 사용한 시간을 기록하면 하루가 어떻게 지나갔는지 객관적으로 확인할 수 있다. 시간 단위보다는 사건 중심으로 기록한다. 일주일 정도 기록하면 내가 어디에 가장 많은 시간을 사용하고 있는지 알 수 있다. 가장 많이 사용하는 시간이 나의 발전을 위한 것인지, 혹은 단순한 일상의 반복인지도 확인할 수 있을 것이다. 내가 사용하고 있는 시간을 확인한 결과가 만족스럽지 않다면 앞으로의 삶을 위해 하고 싶은 일의 우선순위를 정해 시간 활용을 하면 된다. 나는 하루를 어떻게 보내고 있을까?

시간 가계부 작성하기

사건	시간	평가

(예시)

사건	시간	평가
책읽기	오후 6시~6시 20분	책 읽는 시간이 이렇게 적은지 몰랐다.
티비 시청	오후 6시 30분~7시	소모적인 시간이다. 조금 줄여야겠다.
저녁을 위해 요리	오후 7시~7시 30분	요리를 하는 시간이 하루에서 가장 기쁘다.
집 청소	오후 9시~10시	집을 치우는 시간이 생각보다 길었다.

✦ 주체적인 삶을 위해 실행하기

가치관은 우리 마음의 법칙을 의미한다. 가치관이 한 개인의 현재를 파악하고 미래를 예측할 수 있는 중요한 기준임에도 사람들은 자신이 삶에서 무엇을 중요시하는지 진지하게 탐색하지 않는다. 그로 인해 자신이 진정으로 원하는 삶과 다른 삶을 살며 방황하기도 한다. 자신의 인생에서 중요하게 생각하는 가치를 찾아내고 그 가치에 우선순위를 정해두면 마음의 평화까지 얻을 수 있다.

나의 삶의 가치는 자유, 자아실현, 가족, 사랑, 성취, 배움, 영향력, 성장, 경제적 자유다. 그중 가장 우선은 가족이고 나의 자아실현이다. 이것을 실행해 가는데 자유가 전제되어야 한다. 억지로 하는 것은 성과로 잘 연결되지 못했기 때문이다. 이런 식으로 내가 이루고 싶은 목표가 내가 추구하는 가치와 부합하는지 다시 한 번 점검해 보자.

삶의 여러 가치

가족	도전	소통	인내	창조	건강	명예	신뢰	인정	책임
공정	성취	신속	자유	충성	관용	변화	안정	자존	행복
권위	봉사	역량	정직	평화	균형	부유	열정	조화	학습
긍정	사랑	예술	존경	헌신	다양	성실	예의	믿음	협력
단순	성장	완벽	지식	효과	도덕	성취	재미	지혜	효율

주어진 50가지 단어에서 내가 중요하다고 여기는 가치를 골라보고 고른 단어를 기반으로 삶을 계획해야 한다. 첫 번째로 50개의 단어를 내가 중요하게 여기는 가치라고 생각하는 단어와 아닌 것으로 분류한다. 다음으로는 중요하다고 고른 가치 중에서 더 중요한 것과 아닌 것으로 2차 분류한다. 다시 한번 분류하면서 총 6개의 단어를 골라보고 자신이 소중하게 여기는 가치에 대한 이유를 덧붙여 보자.

나의 가치 기록하기

중요하다고 고른 가치 6가지와 이유를 적어보세요.

1)

2)

3)

4)

5)

6)

위대한 인물들은 자신의 우선 가치를 절대적으로 여겼다. 어떤 이는 정직에, 어떤 이는 사랑에, 어떤 이는 자유와 평화에 모든 것을 걸기도 한다. 그들이 위대한 일을 할 수 있었던 것은 다른 이들과는 다르게 자신만의 가치관을 세우고 지켜가려는 신념이 있었기 때문이다. 당장 눈에 보이는 것이 아닌, 나의 삶의 나침반이 되어 줄 내가 중요하게 여기는 가치를 마음에 두어야 한다.

앤서니 라빈스는 『네 안에 잠든 거인을 깨워라』에서 결정은 무엇이 가치 있는지 명확히 하는 것에서 나온다고 말하며 자신이 추구하는 가치와 그에 따른 규칙에 대해 정리한다. 그가 중요하게 여기는 가치는 '건강과 활력, 사랑과 온정, 배움과 성숙, 성취'였다. '건강과 활력'이라는 가치에 따라 신체 건강을 위한 실천 방법들과 자신만의 건강 철학을 실현할 방법을 마련했다. '사랑과 온정'이라는 가치도 마찬가지다. 가족, 친구에 대해 다정히 대하고, 남을 돕는 것에 대한 기준을 세웠다. 이렇게 자신이 중요하게 여기는 가치에 행동 규칙을 정하면 결정을 쉽게 만들고 그 규칙을 지킴으로 활력을 얻게 된다.

한 번쯤 리스트

나를 이해하는 과정에서 자연스럽게 하고 싶은 것들이 생겨났는데, 강의하기, 책 출간하기, 브런치 도전하기, 다이어트, 나 홀로 여행, 나만의 사이드 프로젝트 기획하고 실행하기 등이 떠올랐다.

'죽기 선', '언센가' 보다는 기간을 정해 하고 싶은 것들을 실천하는 것은 어떨까. 나는 1년 동안 한 가지 목표만 정해 끝까지 완주해 보려고 했다. 한 가지 목표가 생기자 그것을 달성하려고 고민하는 과정에서 자연스럽게 세부적인 목표들까지 세우고 실행하게 되었다. 함께하는 이들에게 목표를 공유하니 말에 책임을 지기 위해 더 노력하게 되었다.

삶의 중간 지점인 마흔에 한 번쯤 리스트를 작성해 보는 것이 어떨까? 딱 한 가지만 정하는 것이 어렵다면 우선 떠오르는 대로 적어 100개의 리스트를 작성해 보자. 리스트를 적어보라고 하면 큰 것, 먼 미래에 해낼 것들을 적는 경우가 많다. 100개나 생각하려면 고민하고 또 고민하면서 아주 소소한 것부터 큰 것까지 모두 적어가게 될 것이다. 100개의 리스트 중에서 지금 당장 실행할 수 있는 것부터 실행하며 도전하는 것은 어떨까?

나의 한 번쯤 리스트 중 하나는 책 출간하기였다. 목표를 이루기 위해서 차근차근 준비했다. 2020년에는 공저자로 참여해서 책을 쓰고, 지속적인 글쓰기를 위해 블로그와 브런치에 글을 썼다. 2021년 1년은 책 쓰기에 집중하는 해로 목표를 세우고 봄부터 원고를 썼다. 원고를 작성하고 출간기획서를 작성하고 투고의 과정을 거쳐 출간 계약까지 꼬박 1년이 걸렸다. 기간을 정하고 내가 해내고 싶은 것을 위한 시간을 보내는 것, 그것이 성과로까지 연결이 되면 다른 도전들도 지속해서 이어나가고 싶은 마음이 든다. 리스트를 적는 것만으로도 설렘을 느낄 수 있다. 적는 것이 도전의 시작이라는 것을 기억하고 리스트를 완성하자.

한 번쯤 리스트 작성하기

이루고 싶은 목표와 기간을 적어보세요.

✦ 나를 도와줄 스승 찾기

내가 원하는 삶의 모습으로 앞서나가고 있는 멘토를 찾는 것은 성장에 큰 도움이 된다. 멘토는 삶의 방향성이 같은 사람일 수도 있고, 내가 쌓고 싶은 경력을 가진 사람일 수도 있다. 내가 본받을 만한 가치가 있는 사람을 판단하는 나만의 기준이 있어야 한다. 내가 가고자 하는 길보다 두세 걸음 정도만 앞서 걷는 사람을 찾아도 충분하다. 아주 유명하지 않더라도 검증된 경험이 있고 든든한 후원자가 되어 줄 수 있다면 멘토로 적합하다.

무엇인가 시작하고자 하는 마음을 가졌을 때, 나보다

앞선 이들을 찾고 만나려 노력하게 되었다. 내가 느끼고 있었던 공허함의 정체를 알기 위해서 책, 유튜버, 온라인 공간에서 만나게 된 사람들, 작가, 코치 등 나의 질문, 궁금증을 해결해 줄 수 있는 사람들을 찾고, 그들의 이야기를 듣고 직접 만나기도 했다. 만남을 통해 새로운 생각을 하게 되기도 하고, 그들의 성장 과정에 대해 알 수 있었다. 나보다 앞선 것 같은 이들도 시작하는 지점이 모두 있었다.

실존 인물이 아니어도 삶의 멘토로 삼을만한 인물들이 많이 있다. 나는 고전 소설이나 자기계발 서적을 쓴 작가 몇 사람을 마음의 멘토로 삼고 그들의 책을 반복해서 읽으며 삶에 적용하고 있다.

최근에는 다양한 콘텐츠 창작자들이 많고, 그들은 해당 영역에서 전문가인 경우가 많다. 내가 멘토로 삼을 수 있는 사람이라는 생각이 든다면 강의를 신청해 볼 수도 있고, 직접 궁금한 점을 메일로 보내볼 수도 있다. 나의 경우에는 책을 읽으면서 더 깊이 알고 싶었던 것들에 대해 메일로 질문했는데, 그의 시작 방법, 어려움을 이겨낸 방법들, 그의 삶의 기준들에 대해서 들을 수 있었다. 한번 용기내보자. 아무리 바쁘더라도 열정과 진심을 내비치는 사람들에게는 도움의 손길을 내밀어 주기도 하니 용기를 내보자.

흔히 멘토라고 하면 대단한 성과를 내고, 성공을 보장해 줄 것 같은 사람들을 생각한다. 하지만 성장의 단계별로 필요한 멘토가 있다. 나보다 조금이라도 앞서 있다면 그 누구에게든 배울 수 있다. 바로 앞에서 걸음을 옮기는 사람은 대단한 성공을 한 사람보다 더 친절하게 그 과정을 알려줄 수도 있다. 지금 막 경험했기 때문이다. 주변에 나의 성장에 자극을 주고 끌어줄 수 있는 사람이 있다면 그 사람의 경험부터 배워보자.

독서 습관 시작하기

마흔에 찾아온 인생의 홍역, 갑작스러웠기에 온몸으로 겪어낼 수밖에 없었다. 인생의 홍역 예방접종이 있다면 덜 불안하게 지날 수 있었을까. 홍역이 찾아온 그 시기 열병을 앓으면서도 해결책만 찾기에 급급했다. 본질적 질문보다는 그저 이 열병이 끝이 나기를 바라는 마음이었다. 조금 나아졌다고 치료를 소홀히 하면 열이 떨어지는 듯하다 다시 오르기를 반복하는 감기처럼 인생의 홍역은 그렇게 내 주위를 맴돌았다. 내가 왜 이런 병에 걸렸을까 하는 자괴감, 자책감은 우울로 이어져 삶의 즐거움을 빼앗아갔다. 다른 사람들은 너무나 즐거운데 나만 왜 이렇게 비정상같이 느껴지는지.

그러다 한 권의 책을 만났다. 전안나 작가의 『1천 권 독서법』이라는 책이었다. 혹독한 인생의 홍역을 겪은 작가는 지금의 나와 너무나 닮아 있었다. 무기력하고 우울했던 그때를 헤쳐나가는 작가의 이야기가 "너만 그런 것이 아니야. 너의 지금이 잘못된 것이 아니야. 모두 겪는 과정을 지나는 중이야."라는 말로 다가왔다. 작가의 이야기에 매료되어 단숨에 책을 끝까지 읽어냈다. 사실 나는 책을 그렇게 좋아하는 사람은 아니었다. 한 권의 책을 단숨에 읽어 낸 것은 특별한 일처럼 느껴질 때도 있었다. 공대생으로 대학 시절을 보내고 IT 관련 일을 하면서는 전공 책, 지금 하는 업무에 관련된 책만 겨우겨우 소화해 내기도 벅찼다. 책에 대한 막연한 생각만 있을 뿐 책을 읽어야 하는 절박함이 없었고 읽지 않아도 크게 문제 되지 않을 거라고 생각했다. 그러다 인생의 변곡점에 서서야 책의 필요성을 느끼게 되었다.

전안나 작가도 2,000권의 책을 읽으면 삶이 달라질 수 있다는 강사의 말을 듣고 실천해 보게 되었다고 했다. 삶을 바꿔내고 싶은 절박함이 있었던 이유였겠지만, 저자는 100권, 200권, 그리고 1,000권의 책을 읽어내고 삶의 방향성이 바뀌어 가는 것을 느끼게 되었다. 그의 이야기가 나에게는 한줄기 빛처럼 느껴졌다. 방황하는 나의 모습과 닮은 그의 모습이 겹쳐지며 책을 읽으며 삶을 바꿔나가고 싶었다. 그렇게 나의 독서는 시작되었다. 조금 나아질 거라는 기대감도 생겨났지만 처음 독서를 시작해야지 생각하고 보니 막막했다. 도대체 무엇부터 읽어야 하는지 지금 나에게 필요한 것은 무엇인지 또 다른 갑갑함이 찾아왔다. 이제 막 독서를 시작한 사람이라면 같은 고민을 시작했을 것이다. 독서를 몸에 익히기까지 몸으로 경험했던 방법은 아래와 같다.

1. 독서를 도와줄 멘토를 찾아라

손에 잡히는 대로 궁금한 영역의 책들을 찾아 읽다 책을 조금이라도 체계적으로 읽고 싶다는 생각에 지역 내 도서관 강좌를 찾아 책에 관한 강의를 들어보기로 했다. 처음 신청했던 강좌는 슬로우 리딩 강좌였다. 책 한 권을 천천히 깊게 읽어나가는 수업이었는데, 아이들을 위한 독서 지도 등 방법적인 부분들까지 강의를 통해 접하게 되었고, 강사님과의 인연으로 독서에 관한 궁금한 내용을 질문할 수 있는 선생님이 생겼다. 선생님에게 독서 초보를 위한 추천 도서를 부탁해 읽기 시작했다. 독서에 관해 길을 물을 수 있는 선생님이 있다는 것만으로도 든든했다. 이후 독서 모임을 개설하고 운영하는데도 선생님의 아낌없는 지지와 도움이 있었다.

2. 함께 읽을 사람을 찾아 함께 읽자

책을 읽기 시작하면서 책을 읽는 것만으로도 재미를 느꼈지만, 느린 읽기를 경험하면서 함께 읽는 이유에 대해서 알게 되었다. 독서 시간을 정해 놓고 읽으려 노력하지만 바쁜 생활에 밀려나 실패하기 일쑤였다. 꾸준히 읽고, 다양한 관점을 가지고 읽으려면 다른 이와 함께 읽는 것이 꼭 필요했다. 이사로 낯선 지역에서 만나게 된 소중한 인연 "내가 먼저 책을 읽어야 한다."는 뜻을 함께하는 이들과 함께 읽기 시작했다. 한 달에 두 번씩 약 2년간 이어진 독서 모임으로 많은 것이 변화했다. 책 읽기를 지속하고 싶다면 함께 읽을 사람을 찾아보자.

3. 매일 읽자

누구나 매일 책을 읽어야 한다는 생각을 가지지만 실행하기는 쉽지 않다. 매일 읽기 위해서는 책 읽기를 습관으로 만들어야 한다. 자투리 시간 혹은 아침, 저녁 시간 내가 가용할 수 있는 시간을 정해 강제적으로라도 읽어 보자. 책을 보는 것보다는 드라마와 유튜브 혹은 SNS가 즉각적 즐거움을 줄 것이다. 삶의 변화를 꿈꾸고 성장하고 싶다면 무기가 되어 줄 독서가 꼭 필요하다. 한 줄이라도 매일 꾸준히 읽는 것을 시작해 보자. 책을 손에 드는 것이 어렵지 막상 책을 들면 한 줄반 읽고 멈추지는 않을 것이다. 점차 분량을 늘려가면 된다. 매일 무엇인가를 꾸준히 한다는 것은 어려운 일이다. 그것을 해낸다면 어떤 일이든 시작할 수 있다. 한 줄부터 시작해서 하루, 10일, 100일, 6개월, 1년의 변화를 느껴보자.

4. 책을 삶에 적용하자

"어릴 적 나는 독서광이었어. 책 읽어도 변하는 건 없어. 읽어도 그때뿐이지."라고 말하는 이들이 있다. 읽을 때는 알겠는데 책 내용을 막상 삶에 적용하려면 쉽지 않다. 육아서를 예를 들어보면 아이에게 화내지 않고 아이의 이야기를 경청하고 긍정적인 반응을 해주어야 한다는 내용을 책에서 보았지만, 막상 아이와 대화를 할 때는 잘 되지 않는다. 수없이 반복하고 깨달았던 내용을 상기시켜 여러 번 적용하면 기존의 틀을 깨고 내 것이 된다. 책을 읽고 깨달은 바를 내 몸에 체화하는 것은 시간이 걸리는 일이다. 그렇다면 어떻게 적용할 것인가? 책에 있는 내용 중 내가 실천할 딱 한 가지만 선택하고 그것이 내 것이 될 때까지 적용해 보자. 여러 책에서 아침 루틴을 만들라고 말한다. 성공하는 아침을 위해 아주 작은 행동을 실행함으로 성공 의식을 장착할 수 있으니 아침에 일어나 잠자리를 정리하고 산책을 하라고 말한다. 책 속에서 만난 습관 하나를 삶에 적용해 보자. 이렇게 하나하나 쌓인 긍정적인 습관들은 나의 삶의 방향성을 바꿔나가도록 도움을 준다. 아무리 많은 책을 읽어도 고개만 끄덕이고 끝난다면 "책 읽어도 뭐 달라지는 것 없더라."라고 말하게 될지도 모른다.

환경 바꾸기

변화를 위해서는 사람, 환경, 시간 세 가지를 바꾸라고 이야기한다. 나에게 긍정의 힘을 줄 수 있는 사람, 나를 지지해 줄 수 있는 사람들 속에 있을 때 나도 열정을 갖고 끝까지 도전할 수 있다. 무엇인가 시작하자는 마음을 먹었을 때 "그거 해서 뭐 할 거야?"라는 이야기를 들으면 어떨까.

이사하기 전 아이의 반에는 일하는 엄마들이 하나도 없었다. 물론 아이들을 잘 돌보기 위해서 휴직 중인 엄마들도 있었지만, 일을 시작하려는 엄마들은 늘 걱정의 대상이 되었다. 하지만 이사를 하고 나서는 삼분의 일 이상의 엄마들이 일하는 엄마였는데, 직장을 다니는 엄마가 이상하지 않았고, 오히려 일하려고 준비하는 사람이 많았다. 어느 환경에 내가 있느냐에 따라 선택지는 달라진다. 당신의 주위에는 나를 지지해 줄 사람이 많은가, 훼방꾼이 많은가. 성장의 시작은 나의 주변을 바꾸는 것이다.

우리의 주변 사람을 보면 나의 현재를 알 수 있다. 지금 나의 주변에는 누가 있을까? 성장 여정에서 함께할 동행자를 곁에 두자. 동행자는 올바른 결정을 하도록 돕고 실패와 좌절을 겪을 때 서로 의지하며 성장의 길을 완주할 수 있도록 도울 것이다.

우연하게도 변화, 성장의 시점에 나는 터전을 옮겼다. 지역을 옮기고 나서는 지역 기반의 인맥 형성이 아닌 나의 성장의 자극을 주고, 함께 성장을 꿈꾸는 이들을 주로 만났다. 환경이 바뀌자 더 많은 것을 경험하고 배우게 되었다. 내가 속한 환경이 성장을 위한 환경인지, 혹은 의도적 성장이 가능한 곳인지 생각해 보자. 성장의 욕구를 자극하는 환경에 있지 않다면 강연이나, 컨퍼런스 등에 참여하는 것도 방법이다. 내가 아는 세상이 아닌 다른 세상이 있다는 경험은 또 다른 관점을 갖게 한다.

강남에서 토요일 오전 6시에 열리는 워크숍에 참석하기 위해 새벽 5시에 집을 나선 적이 있다. 주말 오후 늦게까지 잠을 자는 것에 시간을 썼던 내가 새벽을 나를 위한 시간으로 바꿔 사용했다. 나는 스스로 나의 시간을 어떻게 보낼 것인지를 선택할 수 있는 사람이 되었다. 확고한 나의 태도에 남편도 선뜻 동의했다. 누구를 위해 시간을 쓸 것인지 마음을 정했다면 당당하게 나의 시간을 확보하자. 시간을 다르게 쓸 때 변화하고 성장할 확률이 높아진다.

✦ 인내하며 지속하기

지금 시작하는 일이 성과를 얻을 때까지 얼마나 걸릴까 계산해 본 적이 있는가? 전문성을 갖기 위해서는 오랜 시간을 들여 노력해야 한다. 하지만 새로운 도전을 할 때 우리는 빠른 성과를 원한다. 적어도 1년은 하나의 목표를 위해 꾸준히 노력해 보아야 하지 않을까? 빠르게 성과를 낸 것 같은 사람들도 수면 아래에서 오랫동안 준비한 것이다. 나는 얼마나 시간을 쏟았을까. 아직 포기라는 것을 말할 정도의 시간을 쏟지 않았다면 다시 한 번 마음을 다잡고 인내하자.

결혼, 출산, 육아로 경력을 지속하지 못하고 새로운 일을 시작하는 과정은 마음고생을 동반했다. 경력을 살리지 못하고 전혀 다른 분야를 준비하고 일로 만들어가며 자존감이 바닥을 칠 때도 많았다. '나 지금 잘하고 있는 거야?', '이렇게까지 해야 하는 건가?', '내가 무슨 부귀영화를 누리겠다고.' 내가 가고 있는 길에 대한 의심과 시간과 노력을 투입하는 것에 대해 부정적인 생각들이 지속해서 올라왔다. 이제 시작했지만, 빠르게 완주하고 싶었다. 더 빠른 성과와 인정을 얻고 싶었다. 방법을 고민하고 빠르게 가기 위해 애썼다. 그 애씀은 점점 나를 지치게 했다. 급기야 '나는 능력이 이것밖에 안 되나 봐.' 하는 생각이었다.

무엇이 문제였을까? 첫 번째는 빠르게 성공하고 싶은 마음때문이었다. 이제 배우기 시작했고, 겨우 1년 차 프리랜서면서 7~8년 동안 같은 일을 해왔던 나의 모습을 기대하고 있었다. 과거에 내가 일했던 업무 능력, 급여, 직급, 피드백. 처음 시작하면서 경력자처럼 사고하고 행동하고 있었다. 재취업, 직무 변경을 위한 교육을 받고도 다시 기존의 직장이나, 업무로 돌아가는 이들이 겪는 문제도 이와 같을 것이다. 새로운 일을 하고 싶었지만, 과거의 나의 모습과의 괴리감. 여기에서 오는 조급함은 어렵게 시작한 것들을 쉽게 포기하게 만든다. 두 번째로는 쉽게 이루고 싶었다. 아이가 뛰기 위해서는 뒤집기부터 시작해야 한다는 것을 기억하자. 뒤집고, 앉고, 일어서고, 그 후에야 걷을 수 있고, 그것이 익숙해져야 뛸 수 있다. 수많은 시행착오를 겪고 나서야 비로소 달릴 수 있는 것이다. 아직 시작이니 능력이 숙성되는 시간이 필요하다는 것은 알고 있었지만 인정하지는 못했다. 우리는 빨리빨리 돌아가는 사회에 살면서 나도 모르게 빨리라는 말에 길들어져 있다. 분야를 변경했다면 그것이 숙달될 때까지 시간이 필요하다. 그 시간을 얼마나 내실 있게 보내는가에 따라 성과의 질적 측면도 달라질 것이다.

조급할 필요가 없으나 조급하다. 앞서가는 이들을 보면 쉽게 그 자리에 있는 것만 같다. '나만 이렇게 바보같이 헤매고 있나.' 하는 생각이 들기도 한다. 그 생각을 들여다보면 조금 더 쉽고 빠른 길로 가고 싶은 마음 때문이다. 특별한 방법이 있는지를 찾아 헤매었을지도 모른다.

지금 나의 상황에서 해야 하는 일들이 분명히 있다. 그 일이 아무리 작게 느껴질지라도 단단하게 기반을 쌓는 작업은 필요하다. 소홀히 여기지 않고 차근히 쌓는 시간과 경험은 분명히 긍정적 방향으로 가도록 도와줄 지름길은 없다. 특별한 방법도 없다. 그저 묵묵히 지속하며 내가 하는 것들을 기록하는 방법뿐이다. 기록이 쌓이면 전문성과 경력이 쌓여갈 것이다. 숙성되는 시간을 즐겨야 한다. 변화를 위해, 새로운 업을 시작했던 순간 가졌던 절박함을 잊지 말고 지속해야 한다.

성찰하기

변화를 결심하고, 지속하고, 실행하면 성과는 따라오기 마련이다. 그 과정에서 겪는 시행착오는 잘못된 것이 아닌 과정의 일부다. 내가 세운 가치, 그리고 그 가치에 기반한 목표, 그 목표를 달성하기 위해 노력하는 삶에서 가장 중요한 것은 스스로를 돌아보는 것이다. 내가 해온 과정에서 불필요한 것들은 없었는지, 내가 해온 방법보다 더 나은 방법은 없었는지 지금까지보다 훨씬 더 큰 노력을 기울여야 하는 것은 아닌지 등의 점검이 필요하다. 시간 관리, 목표 관리에서와 같이 변화를 위한 과정에서도 점검이 필요하다. 자기 점검을 통해 다시 방향 설정을 하기도 하고, 앞으로 더 나아가기 위한 쉼을 갖기도 한다. 자기만의 효율적인 패턴을 만들어 나를 성찰하는 시간을 가져 보자.

주어진 일들은 힘이 들어도 대부분 지키려고 안간힘을 쓴다. 프리랜서로 일하면서도 한 번에 일이 몰려 시간이 빠듯할 때는 끼니도 대충 때워가며 이동할 때가 많다. 그렇게 일하고 돌아서서 집에 오면 다시 엄마의 일상이 시작되니 답답함이 밀려올 때가 있다. 그럴 때면 나를 충전하는 시간이 필요하다는 것이 느껴진다. 어떤 이들은 잠깐의 쉼으로도 일주일을 버틸 수 있고, 어떤 이에게는 하루의 쉼이, 어떤 이에게는 몇 박 며칠의 쉼이 필요할 수도 있다. 하지만 나를 챙기는 것을 몰아서 하기보다는 매일 숨 쉴 수 있는 시간을 만들어보기를 권한다.

언제부터였을까? 나만의 고요한 시간이 좋아졌다. 사람에 둘러싸여 북적이는 것을 좋아하던 성향이었는데, 혼자만의 시간으로 만나는 안정감과 깊은 심호흡을 알게 되었다. 좋아하는 음악을 틀어놓고 해가 쨍하게 들어오는 초록 식물들이 있는 창가에 앉아 다닥다닥 글을 쓰기도 하고, 창밖을 바라보며 향이 좋은 커피 한 잔을 마시는 것도 나만을 위한 시간이다.

나만을 위한 시간을 가지라고 말할 때마다 아이들에 대한 죄책감을 이야기하는 사람들이 있다. 아이들을 놓고 혼자만의 시간을 보내는 것 자체가 아이들에게 잘못을 저

지르는 것 같다는 생각이 든다고 했다. 이것만 기억하자. 아이들은 엄마의 행복을 지지한다. 스트레스를 적절히 조율하게 된다는 것은 감정을 더 적절히 사용할 수 있다는 것이 된다. 함께지만 감정 조절이 되지 않거나, 함께 있어도 따로 있는 것과 다름없다면 어떨까? 나를 채우는 시간은 나만을 위한 시간이 아니다. 그 이점이 가족들에게도 돌아가게 될 것이기 때문이다. 내가 행복을 느낄 수 있는 장소, 시간, 양, 방법에만 집중해 보자.

카페에서 혼자 1시간 이상 책을 읽는 시간, 공원과 산에서 자연을 느끼는 시간, 나의 이야기를 귀담아 들어주는 친구와의 시간, 새벽에 글을 쓰는 시간, 바다에서 반짝이는 햇빛을 보는 시간 등. 내가 어떤 활동을 할 때 스트레스가 해소되는지, 기분이 좋아지는지, 새로운 에너지를 얻는지 알고 있어야 한다. 적절하게 주어지는 시간은 효율적으로 나의 감정과 몸 상태를 조율하여 나를 지키는 힘이 되어준다.

나만의 속도 설정하기

비슷한 시기에 비슷한 일을 시작한 사람들을 접하다 보면 속 모든 사람의 속도가 다르다는 것을 알 수 있다. 누군가는 초반에, 누군가는 중반에, 또 다른 누군가는 후반에 반짝임을 인정받을 수 있다. 타인이 정한 속도보다는 나만의 속도를 설정하고 즐겨야 한다. 나의 경쟁 상대는 '어제의 나'일 뿐이다. 어제의 나보다 조금 더 성장했는가? 어제의 나보다 조금 더 생산적인 생각과 활동을 했는가? 타인과의 비교는 긍정적으로 소화했을 때만 빛이 난다. 부러움과 시기, 질투를 성장 원동력으로 사용할 수 있다면 다행이지만, 사람들은 시기와 질투로 자신을 낮게 평가하고 자존감을 낮춘다. 만약 나보다 빨리 앞서 나가는 사람의 모습을 보는 것이 힘들다면 평정심을 위해 나를 자극하는 것들을 끊어내는 방법도 써볼 수 있다. 타인에게 나의 성장 속도를 맡기지 말자.

타인의 속도에 맞추다 보면 나도 모르게 무리해서 완주할 수 없는 상황에 놓일 수도 있기 때문이다. 나의 상황과 상태는 그 누구도 아닌 내가 가장 잘 알고 있다. 결승선까지 달려나갈 때 시속 20km로 달릴지 30km로 달릴지는 스스로 결정해야 한다. 지금의 속도가 빠른지, 느린지는 경험하며 조율해 보자.

온라인에서 여러 프로젝트가 생겨나고 진행된다. 이제 막 온라인 세계에 발을 들여놓은 사람이라면 처음 보는 낯선 상황에 깜짝 놀라게 될 것이다. 이렇게 많은 사람이 성장을 위해서 노력하고 있고, 이렇게 많은 강의가 있다니. 나보다 먼저 온라인 세계에서 활동하고 있는 수많은 사람을 보면 조급함이 든다. 온라인 강의가 하루에도 몇 가지씩 이루어지고, 심지어 시간과 장소의 제한 없이 편하게 집에서 화상 프로그램으로 들을 수 있다. 무료 강의, 유료 강의 할 것 없이 신청하다 보면 매일 저녁 컴퓨터 앞에 앉아 나의 중심을 잡지 않으면 물살에 휩쓸리고 만다.

어떤 속도로 갈 것인가? 배우는 것도 그것을 적용해서 아웃풋을 내는 것도 모두 나의 몫이다. 타인의 속도에 휘말려 힘들어하지 말고 나의 필요와 나의 중심을 세워 나만의 속도를 세워가자. 속도를 높이고 낮추는 것은 온전히 나의 선택이다. 빠르게 달려야 할 때와 천천히 속도를 낮추어 페이스를 조절하는 시기를 나의 기준으로 결정하면 된다. 두 번째 진로 결정 앞에서 다른 삶의 모습을 꿈꾸면서 그리는 지금, 그 모든 선택은 나에게 달려있다. 나는 그 누구의 속도도 아닌 나만의 속도로 간다.

STEP 5.

주체적인 삶을 일로 연결하기

✦ 직업보다 진로 설계

새로운 삶을 꿈꿨다면 “그럼 이제 무슨 일을 해야 하지?”라는 의문을 갖게 되었을 것이다. 어릴 적 꿈을 묻는 말에 우리는 선생님, 의사, 변호사 등 직업 이름을 대곤 했다. 다시 인생을 써가는 시점에도 무엇을 해야 하냐는 질문은 어김없이 직업 차원으로 해석된다. “다시 일을 시작하려면 직업을 생각하는 것이 당연한 것 아닌가요?”라고 이야기할 수도 있다. 물론 직업을 고민하는 시기가 분명히 있다. 하지만 그 전에 선행되어야 하는 것은 삶의 방향성, 즉 진로에 대한 고민이다.

앞으로 '내가 받은 따뜻한 사랑을 전하는 사람'이 되겠다고 했다면 어려운 사람을 직접 도우면서 따뜻함을 전하는 사람이 될 수도 있고, 음악을 통해서 따뜻한 사랑을 전하는 사람이 될 수도 있다. 내가 꿈꾸는 방향을 실현할 수 있는 구체적 길이 진로이다. '어려운 사람을 직접 도우면서 따뜻함을 전하는 사람'과 연결되는 직업은 사회복지사, 요양보호사, 공무원 등으로 연결될 수 있고, '음악을 통해서 따뜻한 사랑을 전하는 사람'은 악기 연주가 제작자, 가수, 등 음악과 관련된 여러 직업을 선택할 수 있을 것이다.

직업을 설정하기 이전에 어떤 사람이 되고 싶은가를 정하고 그 길을 먼저 설정해야 한다. 직업은 언제든 변할 수 있다. 지금은 전혀 다른 분야로의 경력 전환도 많이 이루어지는 시대다. 따라서 진로, 방향성에 대한 확고함이 없다면 우리는 계속해서 흔들리는 삶을 살 수밖에 없다. 가고자 하는 방향성을 그려본 사람은 직업에 대한 흔들림이 오더라도 삶의 방향성과 기준에 따라 더 알맞은 직업을 찾아 다시 도전해 볼 수 있다. 방향 설정 없이 무턱대고 많이 들어본 것 같은 직업, 끌리는 직업, 좋다고 생각되는 직업만 고집한다면 자신이 생각했던 것과 다른 이면의 모습을 가진 직업을 마주하게 된 순간 버텨낼 힘이 없다. 진로는

'왜'를 고민하게 하고 직업은 '어떻게'를 고민하게 한다. 왜 이 일을 지속해야 하는지 답할 수 없다면 시간이 지날수록 의미 없이 반복되는 일이 고되게 느껴질 것이다.

대학만 입학하면 상황이 나아질까 생각했다. 마치 진학이 모든 꿈의 종착지인 것처럼 우리는 초, 중, 고 학창시절을 보냈다. 대학에 진학해 보니 자유로운 분위기와 시간표를 내가 신택할 수 있는 것이 조금 달랐을 뿐 학교생활은 크게 달라지지 않았다. 오히려 대학을 목표로 두고 공부했던 동기들은 방황했고 1학기, 1년의 시기를 흐지부지 보내는 경우가 많았다. 학부로 입학했기에 2학년에 전공을 정해야 했는데, 이제 없을 줄 알았던 진로의 고민을 다시 하게 되었다. 너무나도 다른 진로의 방향에서 무엇을 선택해야 할지 고민하기보다는 유망하다는 직업을 가질 수 있는 것으로 전공을 정했다. 프로그래머는 유망 직종 중 하나였다. 유망하다는 직종으로 선택하면 나의 앞길도 유망해진다고 생각했다. 대학에 진학 후 4년의 시간 동안 나는 학비를 감당하기 위해 평일에는 학원에서 아르바이트를 하고 주말에는 예식장에서 일했다. 대학에만 진학하면 무엇인가 해결되리라 생각했던 바보 같은 희망은 점점 사그라들었다. 등록금을 내고 학점을 이수하고 시험을 보고 과제를 하고, 일하는 하루하루가 쳇바퀴 돌 듯 돌아갔다. 그렇게 마주한 4학년. 취업의 시간은 또 다른 목적지를 향해 걸어나가야 하는 시기였다. 정해진 커리큘럼대로 4년을 보냈고, 흘러가듯 관련 회사로의 취업을 준비했다. 곁눈질 없이 학교생활과 취업을 위해 목적지 없이 내달렸다. 다른 선택은 존재할 수 없을 만큼 멀리 왔다고 생각했다. 나의 진로에 대해서 깊이 고민할 시간이 충분했을까? 고등학교를 졸업하면 대학에 진학하고, 대학을 졸업하면 취직을 하는 지극히 평범한 선택지에서 나는 벗어나 본 적이 없었다. 나는 그저 정해진 길대로 가면 편하고 쉽게 성공할 수 있고 열심히만 하면 된다는 생각의 틀에 갇힌 사람이었다. 취업 2년 만에 예상하지 못한 변수들로 진로 변경을 해야 하는 상황이 찾아왔고, 나는 경로를 벗어났다. 큰일이 일어날 것만 같았던 경로를 벗어나는 선택 이후의 삶은 어땠을까? 큰일이 일어났을까? 아무 일도 벌어지지 않았다. 오히려 앞으로의 삶에 대해 진지하게 생각하는 시발점이 되었다.

아직도 대학만 가면, 취직만 하면 되지 않을까 이전과 같은 생각을 하고 있지는 않은지 나의 마음을 돌아보자. 대학에 간다고 능사가 아니고 나의 적성과 세워 왔던 진로에 맞는 전공을 골라야 의미가 있는 것이다. 내게 어울리는 옷을 찾기 위한 깊이 있는 탐구가 필요하다. 단순히 상급 학교로 진학하는 것이 아닌 나와 잘 맞는 전공을 찾고 그 전공에서 내가 갈 길을 만들어가는 탐구 말이다.

아직도 대학 진학이, 유망한 직업이 전부라고 생각하는가? 인생의 중반을 넘어서서 다시 무엇인가를 시작하려는 우리는 이 부분을 꼭 짚고 넘어가야 한다. 내가 어떤 삶을 살 것인지 비전, 꿈을 설정하고 그에 따른 진로를 먼저 고민 한 이후에 직업을 생각해도 늦지 않다. 중요한 것은 '나는 어떤 삶을 살기 원하는가?'라는 질문을 스스로에게 던지는 것이다. 진로를 그려가는 과정에는 정해진 답은 없다. 정답을 찾아 헤매는 마음을 내려놓고 나는 어떤 삶을 살고 싶고 나의 진로를 어떤 모습으로 그려내고 싶은지를 온전히 나에게 물어보자.

✦ 좋아하는 일 vs 잘하는 일

좋아하는 일과 잘하는 일에 대한 고민은 막 사회생활을 시작했던 20대에게도, 다시 일을 시작해 보려는 우리에게도 묵직한 고민거리를 던져준다.

지금의 나는 좋아하는 일과 잘하는 일의 접점이 늘어나고 있다. 좋아하는 것은 누군가에게 내가 가진 것을 알려주는 일이고 잘하는 일은 기획하고 만들어내는 일이었다. 기획하는 일은 20대에 해왔던 일의 연장이었고 오래하다 보니 조금 더 수월하게 할 수 있는 영역이 되었다. 기획과 제작, 교육의 교집합인 강의와 콘텐츠를 만드는 일은 좋아하는 일과 잘하는 일의 연결이었다. 이전에 가르치는 일은 해보지 않았으나 중국어 강사, 그림책, 독서 지도 등으로 아이들을 가르치는 일을 시작했다. 가르치는 일은 좋으나 일방적 지식 전달이 나에게 즐겁지 않다는 것을 일로 경험하면서 알게 되었다. 내가 더 좋아하는 방식이 워크숍의 형태로 자신의 의견을 이야기하고 서로 소통하며 해답을 도출해 나가는 형식이라는 것을 알게 되었다. 이제는 가르치는 일과 기획의 영역을 넘나들며 새로운 일을 계획하고 있다.

경력 공백기를 넘어 다시 일을 시작했을 때는 당장 내가 할 수 있는 일로 돈을 벌어 보자는 생각이었다. 가볍게 시작했지만 가르치는 일이 생각보다 나에게 잘 맞았고 성취감도 있었다. 경험하는 과정에서 내가 어떤 것을 선호하고 선호하지 않는지 알게 되었다. 잘 하는 일로 다시 시작하면 돈을 버는 것도 수월하고 실패할 확률도 낮을 것이다. 잘하는 일이 죽기보다 싫은 일이라면 이야기는 달라진다. 더 나와 맞는 일을 찾기 위해 노력하는 것이 당연하다.

밥벌이를 위해 일을 해야 하는 상황이라면 잘하는 일을 시작으로 좋아하는 일을 찾아 연결하는 방법을 선택하면 좋을 것이다. 아무리 좋아하는 일이라도 밥벌이를 해결할 수 없다면 현실에 대해 고민하게 되는 순간이 오기 때문이다. 나의 생계를 위해서 일정 기간은 싫어도 참아내는 시간이 필요하다. 나는 아이들 강의보다는 성인을 대상으로 하는 강의를 하고 일을 하는 것이 더 즐겁다. 하지만 내가 좋아하는 일을 지속하기 위해서는 안정성이라는 측면도 필요하기 때문에 고정적으로 일을 하는 곳을 유지하고 있다. 안정성이 있다면 내가 좋아하는 일을 위해 노력하고 애쓰는 과정을 버텨 나갈 수 있다.

"좋아하는 일을 할까요, 잘하는 일을 할까요?" 스탠퍼드대학교의 교육학과 심리학 교수인 존 크럼볼츠는 미국의 사업가와 직장인 수백 명을 대상으로 설문 조사를 하여 경력 형성의 계기 가운데 약 80%가 우연이라는 사실을 밝혀냈다. 일을 시작할 당시 우연으로 시작하는 경우가 많다는 것은 그 일을 좋아해서 선택한 것도 잘해서 선택한 것도 아니라는 것이다. 잘하다 보니 좋아하게 되었다는 경우도 있고, 좋아하다 보니 잘하게 되었다는 경우도 있다. 무조건 좋아하는 일을 선택할 거라고 하기보다는 자신을 관찰해 온 정보를 기반으로 선택해야 한다. 하고 싶은 일들이 무엇인지를 정리해보고 작게 도전해 보면서 그 안에서 좋아하고 잘하는 것을 찾는 것도 방법이 된다.

취미로 시작해서 일이 되는 경우도 있고, 빠르게 성과를 낼 수 있는 잘하는 일을 선택하는 경우도 있었다. 어떤 선택을 하든지 내가 하고 싶은 일을 하며 지속할 수 있어야 한다는 것이다. 두 번째 라운드를 준비하며 일을 시작하려는 우리는 지금까지의 경험으로 내가 하고 싶은 일을 잘 찾아갈 수 있으리라 생각한다. 내가 하고 싶은 일이 무엇인지 모르겠다고 이야기한다면 앞의 한 번쯤 리스트에 기록한 하고 싶은 일들의 목록을 살펴보자. 나는 몇 년 전 나의 리스트에 책 출간이라는 것을 적었다. 그 당시 나는 블로그에 일기를 끄적이는 정도의 글을 썼다. 그렇게 반복하던 경험이 공저로 책을 출간하게 했고 지금도 출간을 위한 글을 쓰고 있다. 블로그에 쓰기 시작한 글이 책까지 연결될 줄 누가 알았을까? 잘하는 일과 좋아하는 일 이전에 지금 나를 가슴 뛰게 하는 아주 작은 일부터 시작해 보는 것은 어떨까?

✦ 'Why'로부터 시작하기

다시 일하고 싶었던 H가 내게 어떻게 경력 공백기를 넘어 다시 일하게 되었는지 물었다. 내가 준비했던 과정을 이야기해 주었고 다음날 그에게서 다시 전화가 걸려왔다. 밤새 고민했다고 하면서 "보육교사 자격증을 따볼까요?"라고 물었다. 나는 그에게서 한 번도 아이들을 가르치고 싶다는 이야기를 들은 적이 없었기에 그에게 물었다. "왜 보육교사 공부를 하려고 해요? 보육교사를 하고 싶은 이유가 있나요?" 그는 순간 당황하며 "시간이 짧고 안정적이라서요."라고 말했다. "아이들과 함께 있는 것을 좋아하세요?"라는 질문에도 명쾌하게 답하지 못했다. 그는 자신이 하고 싶은 일에 대한 고민 없이 자주 들어 익숙하고 안정적으로 보이는 것을 선택한 것이다. 그는 자신이 무엇에 관심이 있고 무엇을 원하는지 생각해보지 않고 'What'에만 집중했다.

나는 그가 보육교사 관련 교육을 받기 전에 아이들을 만날 수 있는 경험을 해 볼 것을 권했다. 시간제 출강 강사는 교육과 함께 파견이 이루어진다. 때마침 조임 강사를 원하는 곳이 있어 시간제 경험을 할 수 있도록 도왔다. 이후 아이들과 시간을 보내본 그의 입에서 보육교사에 관한 이야기는 쏙 들어갔다. 시간제로 아이들을 만나는 것도 만만치 않은 일인데 종일 아이들과 시간을 보내는 것이 자신과 맞지 않는 것 같다고 말했다.

만약 보육교사 자격증 공부를 먼저 시작하고 이후에 아이들과의 시간을 즐겁게 보낼 수 없다는 것을 알게 되었다면 어떻게 되었을까? 그의 맹점은 '주부에게는 보육교사가 괜찮다던데….' 라는 단편적 정보로 직업을 고른 것이다. 그리고는 어떻게 그 직업을 얻을 것인가를 고민하며 자격증을 먼저 따야겠다고 생각했다. 시간이 흘러 '나하고 맞지 않는 일이야. 내가 이 일을 왜 하고 있지?'라는 생각과 함께 다시 고민의 시기가 찾아오게 될 수도 있다. 그리고는 다시 같은 과정을 반복하며 답답해하게 될지도 모른다.

어떤 일에 관심을 갖게 되었다면 “내가 왜 이 일을 하는가?”에 대한 질문을 자신에게 던져야 한다. 『나는 왜 이 일을 하는가?』의 저자 사이먼 사이넥은 Why > How > What으로 이어지는 골든 써클을 소개한다. 우리는 무엇을 어떻게 할 것인가로 생각을 시작하는 경우가 많다. 일의 ‘Why’, 즉 일을 왜 하는지 정의되지 않은 경우엔 뚜렷한 목적이 없기 때문에 일을 지속하기가 어려워진다. 힘들고 어려운 순간에도 지속할 이유가 분명하므로 그것을 딛고 더욱 성장할 수 있다. ‘진정 나다운 삶은 무엇일까?’라는 질문에서 출발하여 어떻게 실현할 수 있을지 고민하고 그 이후에 무슨 일을 하며 나답게 살 것인가를 정해야 한다.

여성가족부 자료에 따르면 재취업 후 1년 내에 직장을 그만두는 비율이 70%라고 한다. 그중에서도 3개월 이내에 그만두는 비율이 31.5%로 가장 높다고 한다. 다시 일하고 싶었던 사람이 왜 재취업 후 금세 그만두게 되는 걸까? 자신의 적성, 흥미 등을 고려하지 않고 ‘취업 자체’에 목표를 두었기 때문이다. 40대의 재취업 과정은 20대 때의 일을 찾는 것과는 성격이 다르다. ‘무슨 직업을 가질까?’라는 질문에서 출발한 단발적 일을 구하기보다 앞으로 나의 삶의 방향성과 발맞춰 갈 수 있는 일을 찾는 것이 중요하다.

이 방법은 아직 어떤 일을 해야 할지 정하지 못한 사람들을 위한 조언이다. 경력 전환을 생각하는 사람들은 내가 좋아하는 일을 찾고 싶은 마음을 품고 있다. 아래 방법을 따라 내가 좋아하는 일을 찾아보자. 내가 하고 싶은 일 좋아하는 일을 하기 위해서는 사랑하는 사람을 찾듯이 일을 찾으라고 한다. 단기간에 해결되는 문제는 아니지만, 분명히 찾을 수 있다. 나와 맞는 직업을 찾는 과정에는 시간이 필요한 것을 인정하고 시작하면 된다.

내가 좋아하는 일을 찾는 5단계

1단계. 내가 관심 있는 분야를 찾는다. 그 분야의 일을 나열한다. 내가 관심 있는 분야의 관련 책을 5권 찾아 읽는다.

2단계. 책을 고를 때 관심 분야의 각기 다른 저자를 찾아 읽는다.

3단계. 읽은 책 중에서 관심을 끌게 된 작가의 강연이나 만남을 시도한다. 작가의 강연이나 만남에서 질문을 통해 내가 원하는 정보들을 얻는다.

4단계. 실제적 경험을 쌓는다. 관심을 끌게 된 일은 이제 막 시작하는 일이 될 수 있으므로 경험을 위한 것임을 기억하고 경험을 쌓는 것에 집중한다.

5단계. 과정을 기록하여 나의 경력 포트폴리오로 만든다. 직접 경험한 일이 나의 업이 될 수 있는지 기록하는 과정을 통해서 객관적으로 분석할 수 있다. 정말 하고 싶은 일을 만났다면 그간의 기록은 나의 경력 포트폴리오가 되어 새로운 업을 시작할 때 도움을 줄 것이다.

영상으로 보는 '좋아하는 일을 찾는 5단계'

구체적인 실행 목록 작성하기

내가 일하고 싶은 목적에 대해 정리했다면 다음은 어떻게 할 것인가를 고민할 차례이다. 장기적 목표와 단기적 목표를 설정해 보자. 나의 삶의 방향성과 일치하는 장기적인 목표를 설정하고 그것을 이루기 위해서 지금 당장 해야 하는 단기적 목표까지 세워 보자.

H는 보육교사를 하고싶다는 마음을 내려놓고 자신이 정말 좋아하는 것에 집중했다. 그는 미술에 관심과 재능이 있었다. 미술 교육에 관심을 두다 보니 그림책으로 자연스럽게 관심의 영역이 넓어졌다. 미술과 그림책을 이용해서 할 수 있는 일을 찾아보았다. 3개월 과정의 그림책 수업과 그림책 미술 수업을 함께 들으며 배움에 시간을 쏟았다. 그러다 우연한 기회로 그림책 미술 놀이 수업을 시작하게 되었다. 자신이 관심 있는 분야의 강의를 찾고, 그 과정을 이수하고 기회가 주어지면 바로 수업으로 연결했다. 현장 경험, 강의 경력이 부족했기 때문에 수업을 위한 커리큘럼을 만드는 과정이 필요했다. 교육을 통해 부족한 부분을 채우고 1~2년의 강의 경력을 쌓는 목표를 세웠다. 그리고 그 과정에서 SNS를 운영하면서 자신의 활동을 홍보했다.

많은 이들이 방향성을 찾고도 이제 무엇을 해야 할까 고민한다. 내가 분명히 원하는 것이 있다면 그것을 이룰 방법을 구체화해서 계획을 세우고 실행하는 기간이 필요하다. 그 시간이 지나면 당신은 원하는 것을 이룰 수 있을 것이다.

과정 기록하기

내가 어떤 일을 하고 그 일을 어떤 방식으로 하고 있는지, 그 일을 하면서 나는 어떻게 변화하고 어떤 성장을 해나가고 있는지에 대해서 기록해 보자. 우리는 빠른 변화 속에 살고 있기 때문에 내가 하는 일이 어떤 방식으로 바뀔지 장담할 수 없다. 특히 코로나19 이후는 속도전으로 생각될 만큼 기술이나 일의 방식이 빠르게 변한다. 이러한 변화의 시류 속에서 어떻게 대처할 것인가를 고민한다면 기록에 힘쓰라고 말하고 싶다.

우리는 어떤 분야에서든 일을 시작할 것이고 그 분야에서 경험을 쌓게 될 것이다. 주체성을 가진 직업인으로서 성장하기 위해서는 독립적으로 일할 수 있도록 준비하는 과정이 필요하다. 독립적으로 일할 힘을 키운다는 것은 자신의 능력을 입증할 수 있어야 한다는 것이다. 자기소개서와 포트폴리오의 형태는 계속해서 변하고 있다. 이제는 개인 미디어, SNS 등을 통해 끊임없이 자신의 경험을 나누며 온라인에 자신만의 명함을 만드는 시대다. 내가 어떤 사람인지, 어떤 생각을 하는지, 어떤 일을 하는지 잘 기록해 놓아야 한다. 무심코 했던 기록이 다른 기회를 불러오기도 한다.

유튜브에 영상 5개를 올렸을 때였다. 막 영상을 만들기 시작한 초기였으니 퀄리티도 좋지 않았다. 딱 10개의 영상만 올려보자는 생각으로 온종일 매달려 영상을 만들었다. 처음엔 의미 없는 일이라는 생각이 들었는데, 10개의 영상이 올라가고 나서 얼마 후에 받은 메일로 인해 놀라는 일이 생겼다. 유튜브 영상과 관련된 내용으로 책 출판을 해보자는 제안이 담긴 메일이었다. 내가 하는 일, 내가 어떤 사람인지를 기록해 놓은 영상을 올렸을 뿐인데 제안 메일을 받게 된 것이다. 쓸모없는 기록은 없다. 지금 글을 써 내려가는 동안에도 기존의 기록들과 원고들을 참고하고 있다. 기억은 흐릿해지지만 기록은 남는다. 기록이 있다면 그 순간의 감정까지 고스란히 남아 다시 기억해 낼 수 있다.

『기록의 쓸모』에서 저자 이승희는 "우리가 보는 모든

것에서 의미를 찾을 수 있고, 기록될 수 있으며 기록은 실행이라는 이름으로 삶과 연결할 수도 있다."고 말한다. 그는 경험이 삶으로 이어지는 경험 때문에 기록을 지속한다고 이야기한다. 우리에게도 필요한 것이 아닐까? 자신만의 색을 정하고 그 색을 선명히 만들어 가는 과정에서의 기록이 자신의 일을 선명하게 해주고, 내 기록의 흔적이 나와 비슷한 사람에게 도움이 되어주니 말이다.

✦ 다시 일해보자

경력 공백을 벗어나서 일을 시작하려는 단계에서는 나의 상황과 목표에 알맞은 방법들을 시도해 보자. 나는 어떤 형태의 일이 알맞은 상황일까. 이전에 하던 일을 다시 할 것인지, 교육이 필요한지, 나의 상황을 점검하는 것이 우선이다.

진로는 직업을 찾는 과정일 뿐 아니라 나 자신이 어떤 활동을 할 것인지를 알아가는 과정이다. 일을 찾는다고 생각하면 막연히 우리가 아는 직업군 안에서 제한된 직업을 생각하게 된다. 지금까지 우리는 자기발견, 내가 원하는 것들에 대해 고민해 왔음에도 내가 알고 있는 기존의 직업의 형태만 생각하게 된다. 많은 직업이 있음에도 우리는 직업의 한계에 갇혀 선택의 범위도 좁혀진다. 우리는 얼마나 많은 직업을 알고 있을까? 구체적인 하는 일을 통해 직업을 찾아보는 것도 좋은 방법이다.

구체적인 일을 통해 직업 찾아보기

놀 거리	기계설계, 디자이너, 금형 기술자, 과학, 물리 연구원, 시승원 등
볼거리	안내원, 조경사, 무대 연출자, 마술사, 가수, 연기자 등
먹거리	영양사, 위생사, 축산사업자, 농부, 어부, 식품 연구원 등
청결 업무	청소, 기기 운전자, 수질 관리 담당, 청결 제품 개발 제작자 등
홍보 업무	홍보 전문가, 언론 홍보 담당자, SNS 관리자, 마케터, 사진작가, 인쇄 등
판매 업무	가게 운영자, 외판, 유통업자, 제조업자 등
매출입 업무	회계 관련 업무, 은행, 금융 관련업 종사자 등
동물 관리	사육사, 수의사, 검역원 등
직원 관리	경영, 직원 관리, 채용, 급여 관리, 교육담당 등
기획 업무	사업 기획, 행사 기획, 홍보 기획, 해외 사업 기획 등
기타 업무	보안, 구매, 통역, 번역사, 에너지 관리, 정비 등

다시 일하겠다는 생각을 하게 되면 우리는 막연히 교육받을 곳을 찾는다. 여성 인력개발센터, 문화센터, 다시 일하기 센터 등에서 할 수 있는 일을 찾아 교육을 받게 된다. 경력 공백이 길었던 사람들은 자신이 하고 싶은 일보다 교육지원이 되는 요즘 많이 한다는 일을 배우며 준비하게 된다. 교육 수료 후 그 일을 지속하는 이들은 많지 않다. 막상 일을 해보니, 자신과 맞지 않는다는 이유로 다시 교육장 문턱을 넘는다. 다시 일하기 위해서 무엇이 필요할까? 새로운 직업을 찾을 것인지, 기존의 경력을 연결하여 일할 것인지부터 고민해 보자.

이전에 하던 일 다시 하기

자신의 가치와 일의 방향성이 맞는다면 경력 공백 이전의 일을 다시 시작해 보는 것도 좋다. 공백기 이전의 업무를 했던 경험으로 전문성을 쌓는 것이 더 수월할 수도 있지만 공백 동안 변했을 업무 환경과 업무 기술에 대한 부분을 미리 점검하는 것도 중요하다. 짧은 공백기와 긴 공백기의 경우에는 준비 방향이 다르다.

첫 아이를 출산하고 나는 다니던 회사를 그만두었다.

당분간 아이를 돌봐야 하는 상황과 편도 1시간 반이 넘는 출퇴근 거리는 퇴사를 결정하게 했다. 다시 일하기로 했을 때 그동안 해왔던 직무에 지원할 것이었기에 가장 중요한 조건은 집과의 거리와 야근 및 추가 근무가 없는 것이었다. 일을 시작하기로 마음먹는다면 아이를 핑계로 숨지 않아야 한다. 물론 직업인으로서 일을 우선순위에 두는 것도 필요하지만 나는 엄마의 역할도 충분히 잘 해내고 싶었다. 그 덕분에 경력이 엉망이 되었을 수도 있지만 나는 두 가지 역할을 충실히 해내고 싶었고 그렇게 결정했다. 기존에 해왔던 직무의 연속된 선택이었기에 내가 일할 수 있는 곳을 찾아 입사 지원을 하고 면접을 보았다. 1년이라는 공백이 있었지만 내가 원하는 조건들을 나열해 우선순위를 정했다. 취업 사이트에서 내가 원하는 조건에 만족하는 기업들을 찾고 이력서를 넣기 시작했다. 사실 공백도 얼마 되지 않았고, 큰 기업에서 일했던 경력이 있으니 중소기업의 구직은 어렵지 않을 것 같았다.

하지만 출산한 여성의 구직이 쉽지 않다는 것을 깨닫게 되는 데는 오랜 시간이 걸리지 않았다. 구직하는 동안 자존감은 바닥을 쳤다. 이력서만 쓰면 뭔가 될 거라고 막연히 생각했던 근거 없는 자신감에 헛헛한 웃음이 터져 나왔다. 드러내지 않았지만, 자존심이 상했다. 사회에서 나의 쓸모가 사라진 것 같은 느낌이었다. 마음속에서 안 된다는 외침만 들려왔다. 어디서 그런 오기가 발동했는지 모르겠지만, 될 때까지 해봐야겠다고 다짐했다. 생각해 보니 대학 졸업 후 전공과 관련 없는 직무에 도전하면서 될 때까지 이력서를 썼던 기억이 났다. 경력도 전혀 없는 내가 전공과도 상관없는 일에 도전하면서 얻은 것은 끝까지 하면 된다는 경험이었다. 학벌, 학력, 자격증, 경력, 근무 지역이 멀어서, 나이가 많아서…. 어느새 내가 읊조리는 말은 여러 이유때문에 안된다는 말이었다. 될 가능성에 초점을 맞추어도 어려울 수 있는 상황에 말이다.

재취업을 위해서 더 다양한 가능성을 열어두어야 한다. 기회는 어디에서 올지 모르기 때문이다. 하나의 전공, 하나의 직업, 하나의 직장만을 고집하기보다는 시작에 의미를 둘 것을 권한다. 1년 정도의 공백이 있어서 이력서 작성과 면접이 부담스러웠다. 짧은 공백기를 가진 이들은 이력서나 면접, 직무에 대한 것들도 크게 부담이 없겠지만 긴 공백기를 가진 사람이라면 공백기를 메워 줄 수 있는 것들을 준비하는 시간도 필요하다.

우선 원하는 기업에 대한 정보 탐색이 필요하다. 모집

직종에 대한 정확한 이해, 관련 지식, 기술을 파악하고 목표기업이 바라는 인재상, 지원자격 요건에 맞추어 이력서, 자기소개서, 포트폴리오의 업데이트를 해야 한다. 요즘은 채용사이트에서 인사 담당자에게 질문하고 소통할 수 있는 채널을 운영하고 있다. 원하는 기업, 직무가 있다면 최신 경향을 질문하고 방향성에 대한 조언을 받아보는 것도 도움이 된다. 해당 분야에 근무하고 있는 지인 있다면 지인에게 지인이 없다면 SNS를 이용해서 이미 그 분야에서 전문가로 활동하고 있는 사람들에게 메일을 보내 인터뷰를 요청하는 것도 좋은 방법이다. 사실 모르는 사람에게 무엇인가를 부탁하고 요청하는 것이 어려운 일이지만, 진심과 절박함, 열정이 보이는 사람들에게 도움의 손길을 내밀어 주는 사람들도 많다. 용기를 가져 보자. 지금 현재 상황의 객관적인 나의 경쟁력을 분석하고 그것을 기반으로 취업 준비 목록을 작성해 보며 앞으로 갖추어야 할 조건들을 검토해 보자.

경력 전환하기

언제 귀국할지 미지수가 되면서 나의 경력 공백은 길어져만 갔다. 귀국은 할 것이라는 생각에 해외 거주의 최대 장점이라고 생각되는 언어 공부를 택했다. 중국어를 가르치는 동시에 시간이 비교적 자유로운 직업을 찾다가 어린이 중국어 강사라는 직업을 알게 되었다. 사이버 대학교 편입을 통해서 중국어 학사를 취득을 준비하고, 한편으로는 어린이 중국어 강사를 하기 위한 준비를 했다. 이미 해당 업계에서 일하는 사람들의 블로그, 카페 등에서 정보를 얻고 필요한 자격증과 일할 수 있는 경로를 찾아보기도 하고 먼저 그 일을 하는 분들의 블로그에서 소통하면서 업계 동향과 준비해야 하는 것들에 대해서 정보를 얻기도 했다. 귀국과 동시에 유아 교육기관의 파견 강사 면접을 보고 어린이 중국어 강사로서 일을 시작하게 되었다. 시작하는 과정에서 생각하지 못했던 부분들도 많아서 교수법에 관한 강의도 많이 듣고, 강사들을 위한 커뮤니티 활동도 하면서 전문성을 쌓으려고 노력했다. 새로운 분야에서 새로운 일을 하는 것은 생각보다 힘든 일이었지만, 그것을 시작으로 확장하고 내가 좀 더 원하는 분야로 방향을 틀어가면서 지금까지 왔다. 전혀 다른 일을 시작하고 일을 하게 된 과정을 생각해 보니 배움과 실행의 과정을 끊임없이 반복하고 있었다. 교육을 받고 실행했기에 다음도 있었다. 교육으로 멈추지 않았기에 다른 길도 만들어나갈 수 있었다.

주체적으로 일하기

일을 선택했다면 이제 일하는 방식과 태도에 대해서 생각해 보아야 한다. 누군가의 엄마로 살던 우리가 사회와 다시 연결되려고 할 때 가장 힘들어 하는 것이 무엇일까? 바로 엄마의 삶에 부딪히는 것을 피하려는 마음이다. 일하기 시작하면 건강하던 아이도 아프고 집안일은 쌓여가고 포기하고 싶게 만드는 상황들만 펼쳐진다.

조직에서 일하다 보면 내가 하는 일은 전체적인 업무를 담당하기보다는 주어진 일을 해내는 경우가 많다. 큰 조직에서는 잘게 쪼개진 일을 반복적으로 할 때가 많은데 반복적인 일을 하다 보면 '이 일이 정말 내가 원하는 일인가?' 하는 생각이 불쑥불쑥 찾아온다. 어느 정도 일이 익숙해지면 "이 일을 왜 하는 걸까?" 하는 질문이 고개를 든다. 열정을 갖고 시작했고 열심히 노력했던 직업도 왜 이 일을 하는 것인지 생각이 들고 나랑 맞지 않는 것 같다는 생각에 공허해진다.

다시 일하고 싶었던 사람들도 막상 일하기 시작하면 일하고 싶지 않은 마음과 마주하는 아이러니한 상황이 벌어진다. 일하는 것이 즐겁지 않게 되는 상황의 주된 이유는 공허함이다. 내면에서 출발하지 않은 진로 선택은 다시 나를 흔들어 놓는다. 내가 어떤 사람인지, 어떤 삶을 원하는지, 그 삶을 위해 어떤 일을 해야 하는지를 생각해야 하는데, 진지한 고민 없이 일을 정하고 그 일을 해내기 위해 애쓰다 보면 고개를 드는 공허함에 침몰하게 된다.

나는 이직을 해도 신규 부서에만 발령이 나는 사람이었다. 신규 부서가 아니면 신규 프로젝트라도 진행하는 부서였다. 신규 부서에서 새로운 프로젝트를 진행하는 것은 무에서 유를 창조하고 경험해 보지 않은 것들을 눈에 보이는 것으로 만들어내야 하는 일이었다. 단기적 성과를 얻기에는 어려운 작업이 많았고, 제안서를 쓰고 창조하고 것들을 끄집어내야만 하는 작업이 많았다. 브레인스토밍을 통해서 아이디어를 쏟아내야 하는 순간을 생각하면 지금도 식은땀이 난다. 새롭고 좋은 아이디어를 기다리는 상사들의 눈빛. "너희가 더 아이디어가 많잖아." 하며 재촉하는 말은 당장이라도 그 자리를 벗어나고 싶은 마음이 들게 했다.

한두 번이면 웃어넘길 수 있었겠지만 계속해서 새로운 업무를 파악하고 담당하게 되는 것은 부담스러운 일이었다. 무엇보다 신규 사업은 잘돼야 본전인데 신규 프로젝트가 자리 잡기까지는 회사 차원에서는 투자의 개념이 크기 때문에 신규 프로젝트 진행이 무산되는 경우 팀이 해체되면서 뿔뿔이 흩어지게 되거나 퇴사의 위기로 까지 몰리기도 한다. 처음엔 불안정한 업무와 변동성이 큰 상황에 불안했고 답답했다. 일이 잘 안되면 그만둬야 하는 게 아닐까 생각한 적도 있었다. 실제로 사원 시절 사수를 붙잡고 한참을 이야기한 적이 있다. 당신은 이런 상황에서 어떻게 하겠는가? 매번 새로운 직무에 적응해야 하고 새로운 것들을 해내야 하는 부서에 있다면 즐겁게 일할 것 같은가, 아니면 그 반대인가?

"저는 왜 이렇게 신규 프로젝트만 맡게 될까요? 안정된 부서가 좋은데."라고 사수에게 이야기했다. 그는 말했다. "좋은 경험을 하는 거예요. 물론 나도 힘든 건 마찬가지예요. 하지만 새로운 프로젝트이기 때문에 기회가 많다고 생각해요. 책임감은 따르지만 지금 내 직급에서 경험해 볼 수 없는 것을 도전해 볼 수 있고, 그 도전이 필요한 부서인 거죠. 새로운 프로젝트가 성공적으로 마무리되면 성취감이 엄청나지 않을까요? 힘들어서 못 하겠다는 관점을 조금만 바꿔봐요. 지금 나에게 온 기회라고 말이죠."

어떤 상황에서 무엇을 경험하든 그것을 긍정으로 볼 것인가, 부정으로 볼 것인가는 나의 관점에 달렸다. 긍정적 관점을 갖는다면 새로운 경험 자체가 신나고 즐거운 일이 될 것이고, 부정적 관점을 갖는다면 아주 작은 일도 나를 힘들게 할 테다. 중요한 것은 어떻게 상황을 받아들일지 결정할 수 있는 사람이 나라는 것이다. 신규 프로젝트, 신생 부서로만 발령이 나던 상황은 나에게 적응력과 다양한 업무 경험이라는 아주 강력한 무기를 선물해 주었다. 장소를 옮겨도 새로운 회사로 이직을 해도 새로운 업을 시작할 때에도 "일단 해보지 뭐."라는 자세로 시작할 수 있었고 그 경험이 프리랜서로 일할 수 있는 근간이 되어 주었다.

이전과 다른 삶을 선택하고 성장하는 삶을 꿈꾸는 우리는 결국 나다운 일과 나다운 삶을 꿈꾸는 것 아닐까? 나답다는 것은 주체성을 확실히 하고 독립적인 자아를 다져 나가는 것이다. 충분한 탐색을 통해 찾은 나의 일, 내가 선택한 일을 즐겁게 하기 위한 첫걸음은 주체성을 가지고 일하는 것임을 기억하자.

마음을 꾹꾹 단단히 다져나가며 오랜 준비를 통해 시작이라는 한 발을 내디뎠다고 해도 중간중간 찾아오는 슬럼프와 무기력에는 마음을 어떻게 다잡아야 할까? 마음을 잘 다스리는 사람일지라도 우리는 사람인지라 관계, 사회성에 대한 욕구는 늘 내재하여 있다. 열정에 불타 혼자 내달릴 때 느껴지지 않던 공허감들이 사그라든 열정 뒤로 찾아오기 시작하면 움츠러드는 시기가 있다. 혼자서 멀쩡히 그 시간을 넘는 이들도 있지만, 사람들에게는 함께하는 힘이 필요하다. 같은 꿈을 꾸는 파트너, 같은 꿈이 아니더라도 자신만의 꿈을 향해 도전하고 걸어나가는 사람들과의 연대가 필요하다. 요즘은 살롱, 스터디, 모임 등의 이름으로 함께 관심 분야에 도전하고 성장하기 위해 모인 커뮤니티가 많다. 자신의 SNS를 통해 함께할 사람들을 모아도 좋고, 이미 형성된 커뮤니티에 들어가서 활동하는 것도 좋다. 나의 속도를 조율하고 무기력해지는 순간 동기부여가 될 수 있는 꿈의 파트너들을 곁에 두자. 그들이 나의 페이스

메이커가 되기도 하고 외로운 길을 같이 손잡고 나갈 동행자가 되기도 한다. 혼자 가면 빨리 가고 함께 가면 멀리 간다고 하지 않는가? 느슨한 연대 속에서 든든한 지지자들을 곁에 두자. 멈추고 포기하고 싶은 순간 나를 붙들어줄 것이다.

NEXT STEP.

나다운 일을 시작한

여성들의 인터뷰

육아하며 임용고시 준비, 공립 유치원 교사가 되다

Q. 진로를 고민한 적이 있으신가요? 있다면 계기는 무엇인가요

진로 고민은 계속 해왔어요. 유치원 교사라는 직업이 안정적이지 않고 결혼한 후에는 퇴직하는 분들이 많아서 이 직업 말고 다른 것을 준비해야 하나 항상 고민했습니다. 그리고 아이를 출산한 후에 진로 고민을 본격적으로 하게 되었어요. 경력이 한번 단절되고 나니 경력이 있어도 원하는 조건으로 취업하기는 어려웠고 급여도 너무 낮았거든요.

Q. 첫 번째 진로와 출산, 육아 이후의 진로가 달라졌나요

출산과 육아로 경력이 단절되면서 자존감이 많이 낮아졌고, 안정적인 직업을 갖고 싶다는 생각이 들었습니다. 그러면서 공부를 하고 싶어져 유아 임용고시를 준비하게 되었어요.

아이를 키우는 일도 중요하지만 나를 위해 앞으로의 인생에 대해 진지하게 고민해 보고 결정했어요.

Q. 지금 하는 일은 무엇인가요

공립 유치원 교사로 유아들을 가르치고 있습니다. 경력이 10년 차고 그중 8년은 사립에서, 공립에서는 임용고시 합격 후 2년째 일하고 있습니다.

Q. 하는 일에 대한 만족도는 어떤가요

유치원 교사로서, 공무원으로서 안정적인 직장이라는 점에서 만족하고 있습니다. 좋아하는 아이들과 함께할 수 있고, 경력만큼 보수를 인정받을 수 있어 공부한 보람이 있다고 생각합니다.

Q. 진로 변경 시 사용했던 나만의 방법은 무엇인가요

저처럼 아이를 키우며 임용고시에 합격한 분들의 합격 수기를 많이 읽어보았어요. 아이를 키우는 동시에 아르바이트도 하면서 공부를 해야 했기 때문에 시간을 쪼개서 공부할 수 있는 방법을 찾으려고 부단히 노력했어요. 공부를 시작하기 전에 "내가 이것보다 더 열심히는 못 한다."라고 말할 수 있을 만큼만 해보자고 생각했어요. 이제 물러날 곳이 없었거든요.

Q. 당신만의 이야기를 들려주세요

임신했을 때 태교 겸 한국사 시험을 준비해서 한국사는 미리 따놨어요. 그때 신랑에게 임용고시 공부를 해보고 싶다고 했는데, 아이가 없는 선생님들도 몇 년씩 공부해도 붙기 어려운 시험인데 애 키우면서 될 것 같냐는 말을 들었어요. 그 말에 오기가 생겼던 것 같아요. 자존감이 낮아질 때마다 "나도 하면 된다.", "공부하는 나는 멋지다."라고 스스로 생각하려고 노력했어요. 2년간 분 단위로 계획을 세우며 공부를 했습니다. 새벽 시간, 아이가 유치원에 간 후, 아르바이트에 오고 가는 시간에도 짬짬이 공부를 했어요. 공부를 생활화한 거죠. 최종 합격을 하고 엄청 기뻤어요. 역시 노력은 배신하지 않는다고 생각했습니다. 가족들과 주변 지인들도 축하해주고 대단하다고 말해주었어요.

Q. 앞으로의 계획은 어떻게 되나요

일단은 유아들을 가르치는 일에 집중하고 싶어요. 유치원에서 행복하게 지내는 유아들에게 든든한 선생님이 되고 싶어요.

Q. 다른 방향의 진로를 계획하고 있나요

음악을 좋아하고 노래 부르는 걸 즐겨 합니다. 언젠가 길 한복판에서 노래를 부르는 사람들을 보고 나도 음악으로 사람들에게 기억하고 싶은 좋은 추억을 상기시켜 주며 행복을 전하고 싶다는 생각을 했습니다.

Q. 마흔에 진로를 고민하는 이들에게 하고 싶은 말이 있나요

늦은 시기는 없는 것 같아요. 도전하는 그 순간은 마흔이라는 나이가 전혀 상관없는 것 같아요. 열정과 노력만 있다면 무엇이든 해낼 수 있다고 생각해요. 내가 좋아하는 것이 무엇인지, 포기하지 않고 끝까지 해보고 싶은 게 무엇인지 생각해 보는 시간이 필요하다고 생각합니다.

Q. 진로 변경을 위해 꼭 필요한 것은 무엇인가요

아무리 좋은 직업이라도 내가 힘들면 지옥처럼 느껴지거든요. 나를 행복하게 하는 것을 찾는 시간을 꼭 가져야 도전해보고 싶은 마음이 생겨요. 동시에 나 자신을 믿어줘야 하는 것 같아요. 주변 사람들이 아무리 부정적으로 말해도 자신을 믿는다면 끝까지 해낼 힘을 낼 수 있답니다. 처음 시작하는 내가 초라하다고 생각하지 않는 것도 중요해요. 기지도 못하는 아이에게 뛰는 것을 기대하지 않는 것처럼 한 걸음 한 걸음 발전하는 나를 격려해 주어야 합니다. 하루하루 나의 성취를 적고 스스로 칭찬해주는 시간을 갖는 것도 중요해요. 작은 성취감들이 쌓여 내일의 멋진 나를 만든다고 생각해요.

20년 차 직장인에서 타로 전문가가 되다

Q. 진로를 고민한 적이 있으신가요?
있다면 계기는 무엇인가요

결혼과 출산 육아 이후 다시 일을 시작하고 싶을 때 육아와 병행할 수 있는 일에 대한 진로를 고민했습니다. 특히 아이가 어릴수록 생각지 못한 변수가 생길 수 있으므로 급한 상황이 생겼을 때 시간을 낼 수 있는 그런 직업을 가지고 싶었습니다.

Q. 첫 번째 진로와 출산 육아 이후의 진로가 달라졌나요

20대 초반의 이른 나이에 결혼과 출산, 육아를 겪고 다시 진로를 선택했을 때가 20대 후반이었습니다. 아이들이 어린이집을 다닐 때라 집에서 가까운 곳과 근무시간이 여유로운 곳을 우선으로 선택하게 되었어요. 무조건 아이들을 우선으로 생각하면서 진로를 결정했습니다.

Q. 지금 하는 일은 무엇인가요

출산 육아 이후부터 다시 시작한 직장생활을 22년 동안 했습니다. 투잡으로 타로 심리 상담사 일을 병행했는데 해야 하는 일과 하고 싶은 일 사이에서 갈팡질팡하다 최근에 퇴사를 결심했습니다. 지금은 타로 심리 상담 일에 전념하고 있습니다.

Q. 하는 일에 대한 만족도는 어떤가요

100% 아니 1,000% 만족하고 있습니다. 우연한 기회에 배운 타로 심리 상담이 제 인생에 전환점이 되었고, 무엇보다 사람들과 소통하며 같이 고민하고 해결책을 찾아 나가기도 하고, 그저 옆에 내 편이 있고 내 이야기를 들어주는 이가 있다는 것만으로도 서로 위로가 되고 힐링이 될 때 아낌없이 더 베풀고 싶어집니다. 그리고 시간을 자유롭게 쓸 여유가 있어 무척 만족하고 있습니다.

Q. 진로 변경 시 사용했던 나만의 방법은 무엇인가요

사무 직종의 업무를 할 때는 일에 대한 스트레스도 많았고, 일할수록 더 지치고 그만두고 싶은 마음이 많았습니다. 그러다 보니 과연 언제까지 일할 수 있을지에 대한 불안감이 늘 있었습니다. 미래에 대한 불안한 마음을 해소할 방법으로 우선 여러 가지를 배워 보는걸 선택했습니다. 평소 관심이 있다든지, 경험하고 싶었던 것들을 하나씩 직접 참여해 보면서 오랫동안 즐겁게 할 수 있는 걸 직접 경험이라면서 찾는 게 나만의 방법입니다.

Q. 당신만의 이야기를 들려주세요

타로 상담을 통해 치유의 힘이 실제로 존재하고 있음을 경험했기 때문에 더 잘하고 싶었고 타로 상담을 통해 다른 사람의 아픔을 위로해 줄 수 있다면 그보다 더 보람된 일이 어디 있을까 생각을 많이 했습니다. 아이가 아파 학교를 휴학했을 당시 지금껏 살면서 제일 힘들었던 워킹 맘

시절이었습니다. 인생이 위기라고 생각했을 때 타로를 배웠고, 위기인 줄 알았는데 기회가 된 선택이었습니다. 또 한 번의 기회는 코로나19로 인한 언택트 시대입니다. 그렇지만 기회라고 믿었는데 위기였던 순간도 있었기 때문에 힘들 때는 내 인생에 잠시 먹구름이 꼈다고 생각하며 지나가기를 바라기도 했습니다. 어떤 진로를 선택하든 판단은 결국 먼 미래의 일이니 꾸준하게 즐거운 마음으로 할 수 있는 진로를 선택했던 것이 가장 잘한 일이라고 생각합니다. 그것이 바로 타로를 배운 일입니다.

Q. 앞으로의 계획은 어떻게 되나요

출산 육아 후 다시 시작한 직장 생활을 그만두기까지 많은 고민을 했습니다. 그늘에서 느낄 수 있는 경제적 풍요와 심리적 안정을 내려놓기 쉽지 않았지만 좋아하는 일을 하면서 사는데도 타이밍이 중요하다고 생각합니다. 앞으로 더 깊이 있는 타로 상담을 하기 위해서는 부단한 노력이 필요합니다. 어떤 진로를 선택하든 좋아하려면 잘해야 합니다. 잘하려면 익숙해져야 하고요. 결국 익숙함은 반복을 통해 얻어지는 것이니 앞으로 꾸준히 공부할 계획입니다.

Q. 다른 방향의 진로를 계획하고 있나요

음악을 좋아하고 노래 부르는 걸 즐겨 합니다. 언젠가 실 한복판에서 노래를 부르는 사람들을 보고 나도 음악으로 사람들에게 기억하고 싶은 좋은 추억을 상기시켜 주며 행복을 전하고 싶다는 생각을 했습니다.

Q. 마흔에 진로를 고민하는 이들에게 하고 싶은 말이 있나요

무조건 무엇이든 일단 시작해 보라고 말하고 싶어요. 저도 진로를 선택하기까지 문화센터도 다니고 학원도 다니면서 여러 가지를 배우는 과정이 있었습니다. 중간에 그만둔 것도 많고 처음 각오와는 다르게 흐지부지되는 일들이 많았습니다. 무언가를 꾸준히 하는 게 쉽지는 않더라고요. 포기할 건 포기하고 받아들일 건 받아들이는 것도 필요합니다. 유일하게 지금까지 하는 게 인생의 전환점이 되어 평생 직업이 되었기 때문에 무언가를 얻으려면 그만큼 노력과 인내가 필요하니 내 시간, 내 감정, 내 돈은 어쩔 수 없이 투자해야 합니다.

Q. 진로 변경을 위해 꼭 필요한 것은 무엇인가요

일어나지도 않은, 일어나지 않을지도 모르는 일에 걱정을 미리 하며 아까운 시간 낭비를 하지 않았으면 합니다. 할까 말까 고민할 때는 우선 시도해 보고, 내가 생각했던 길이 아니라면 과감하게 내려놓으세요. 후회하려면 한도 끝도 없잖아요. 지나간 일을 자꾸 곱씹지 마세요. 그때는 그게 최선이었으니까요. 세상에 공짜는 없습니다. 여러 가지를 직접 경험이라면서 즐겁게 오래 할 수 있는 일인지 먼 미래의 일이지만 그저 믿어보기로 해요.

시간 강사에서 영어 공부방 원장이 되다

Q. 당신만의 이야기를 들려주세요

언제나처럼 영어 강사 일을 하고 만족하며 살고 있었어요. 출산, 육아 후 시간적인 환경 때문에, 학원 강사를 못할 줄 알았지만, 어떻게든 강사의 길이 열리는 것을 보면서 하고 싶은 일을 할 수 있어 좋았습니다. 하지만 늘 사업은 남의 일이라 생각했고, 창업은 생각해 보지 않았어요.

2년 전 블로그를 시작으로 본격적인 SNS 세계에 들어오게 되면서 꼬리에 꼬리 물듯이 많은 강의를 들으며 온라인 마케팅 세상을 배우게 되었어요. 완전한 SNS 강사를 꿈꾸기도 했었지만, 결국 제가 잘하는 영어로 창업을 하게 됩니다. 하지만 진로 변경을 위해 배웠던 것들이 헛된 것은 아니었어요. 공부방 창업에 SNS 마케팅은 필수 요소더라고요. 다른 길을 가고 싶어 배웠지만, 결국 지금 저의 본업에 큰 도움이 되고 있습니다. 세상에 필요 없는 경험은 없더군요. 현재, SNS 마케팅도 열심히, 수업도 열심히 하는 영어 공부방 원장이 되었습니다.

Q. 진로를 고민한 적이 있으신가요? 있다면 계기는 무엇인가요

영어과 졸업 후 쭉 영어 강사 일을 해왔기 때문에 다른 일은 생각해 보지 않았어요. 특별히 진로를 고민하지는 않았어요. 좋아하는 일이었고, 제가 가장 잘할 수 있는 일이 있기 때문입니다. 최근에 SNS를 접하면서 관련된 진로를 꿈꾸기도 했지만 결국 제가 잘하는 일로 돌아오더군요. 하지만 진로 변경을 위해 공부했던 SNS 기술을 가지고 돌아오게 되었습니다.

Q. 첫 번째 진로와 출산, 육아 이후의 진로가 달라졌나요

출산, 육아 후에 학원 강사 일은 어렵겠다고 생각이 들면서 고민을 했던 적이 있어요. 아이를 주위에 봐줄 수 있는 사람이 없었고, 학원 일은 오후에 시작해 저녁 늦게 끝나기 때문이죠. 그런데도, 결론적으로는 진로가 달라지지 않았습니다.

Q. 지금 하는 일은 무엇인가요

초등/중등 영어 공부방 원장입니다.

Q. 하는 일에 대한 만족도는 어떤가요

100%요. 물론 강사일 때보다 신경 쓰고, 책임져야 할 일이 많아졌지만, 모든 상황을 제가 계획하고 운영할 수 있어서 좋습니다.

Q. 진로 변경 시 사용했던 나만의 방법이 있나요

하고 싶은 일 관련 강의를 많이 들었습니다. 많이 연습하고, 밤을 지새워 보기도 하고요. 일단 진로 변경을 원하는 일에 푹 빠져 보는 것이 중요한 것 같아요.

Q. 앞으로의 계획은 어떻게 되나요

영어 공부방 운영을 시작한 지 1년이 되지 않았기 때문에 공부방 운영에 노력하고 있습니다. 언젠가는 영어학원으로 확장하고 싶은 꿈도 있습니다.

Q. 다른 방향의 진로를 계획하고 있나요

저는 원래 장기적인 계획을 세우지 않고, 그날 하루하루 최선을 다하는 스타일입니다. 오늘 배우고 싶은 것 배우고, 오늘 일할 것을 열심히 합니다. 이런 오늘이 모여 다른 진로가 제 앞에 나타났을 때 놓치지 않고 기회를 잡을 수 있도록요.

Q. 마흔에 진로를 고민하는 이들에게 하고 싶은 말이 있나요

본인의 성향, 강점, 좋아하는 것 등을 먼저 파악해 보고 해보고 싶었는데 못했던 것 등을 천천히 해보면 좋겠어요. 그리고 그것이 어떻게 수익으로 연결이 될 수 있을지도 꼭 파악을 해보길 권합니다. 미혼이면 육아와 일을 같이 생각해야 하므로 이 부분에서 어떤 부분에 우선순위를 두고 균형을 맞춰 갈 것인지도 고민해 보았으면 좋겠고요. 그리고 가장 중요한 건, 하고 싶은 일 앞에 섰을 때 용기를 내는 것입니다.

Q. 진로 변경을 위해 꼭 필요한 것은 무엇인가요

20대가 아닌 40대에 진로 변경을 한다는 것은 혼자가 아닌, 가족을 함께 생각해야 한다는 큰 차이점을 가지고 있습니다. 진로 변경을 위해 무언가를 배우고 채우는 데 돈과 시간이 들어가지요. 내가 이 일을 시작하는 데 있어 초기에 어느 정도 자금이 들어가는지, 그 자금이 내게 얼마나 있고, 얼마나 유지할 수 있는지 파악하는 것이 중요합니다. 진로를 변경했을 때 이때 들어갔던 돈을 회수할 수 있는 지도 중요하고요. 또 돈뿐만 아니라, 집중된 에너지가 초반에 들어갑니다. 이것을 위해 가족의 이해와 도움이 꼭 필요합니다. 어떤 일을 하든 가족들과의 관계에 대해서 먼저 우선순위를 두고 생각을 해보기를 권합니다.

에필로그.

더 멋진 삶을 위해 진로 고민은 진행형

진로를 고민하고 진로 설정을 위해 '나'에 대한 진지한 고민을 시작했다면 어느새 나라는 사람을 이제는 조금이나마 알 것 같다는 생각을 하게 된다. 이제 문제 될 것도 없고, 자신감이 생겨 이대로만 하면 무엇이든 할 수 있을 것 같은 자신감이 넘치는 상태일 수도 있다.

자신에 대해 알 것 같다는 생각이 들 때가 위험하다. 더는 나에 대해 고민할 필요가 없다고 생각하기 때문이다. 하지만 '나'는 고정되어 있지 않다. 놓인 상황과 환경에 따라서 끊임없이 변화하고 있다. 생각의 크기가 달라지고, 기존에 옳다고 여겼던 신념의 변화도 일어난다. 배우고 익히면서 중심은 같을지라도 표현 방식, 생각의 깊이, 원하는 방향성은 계속해서 바뀌고 있다. 그러므로 '나 돌아보기'는 죽을 때까지 지속해서 이루어져야 한다.

우리는 이제 120세까지 이어진다는 긴 수명의 연장선에 살고 있다. 살아온 시간보다 살아갈 시간이 더 길다. 삶은 지속해서 나에게 변화를 요구할 것이다. 끊임없는 변화와 함께 어우러진 삶을 살아가기 위해서는 내가 원하는 것이 무엇인지, 나는 이전과 어떻게 변화하고 있는지. 내가 어떤 방향으로 성장하고 있고, 성장하고 싶은지를 생각하며 방향성을 되돌아보아야 한다. 매일 일기를 쓰며 삶을 돌아보고, 1년, 5년, 10년 계획을 통해서 계획한 것을 이루고, 살면서 해보고 싶은 일들을 적어나가며 삶을 희망으로 채워갈 수 있다. 이제 우리는 '인생은 60부터'라는 이야기를 흔치 않게 듣고 있다. 장수를 축하하던 환갑, 칠순 잔치는 예전의 모습과는 다르다.

우리는 평생교육이 필요한 시대에 살고 있다. 대학 전공으로 입사한 직장에서는 정년퇴직은 꿈도 꾸지 못한다. 30, 40대에 은퇴하는 사람들이 늘어나고 있고, 은퇴 후의 삶을 위해 성장의 끈을 놓을 수 없다. 코로나19 이후의 생활 모습은 미래의 모습을 당겨왔다고 이야기한다. 아이들을 비롯한 성인들의 교육은 시공간을 초월하여 이루어지고 있다. 온라인 강의는 해외와 국내, 각 지역의 사람들을 모아주고 다수가 모이기 힘든 상황을 해결한다. 여러 커뮤니티에 50, 60대의 학습자들도 어렵지 않게 만날 수 있었다. 은퇴 이후의 삶을 계획하고 새로운 기술을 배우고 경험하고자 했다.

내가 원하는 것을 알고 그것을 성취하는 방향으로의 배움과 성장은 지속해서 이루어져야 한다. 새로운 시대에 적응하여 성과를 내는 삶을 지속해서 원한다면, 지속 성장을 마음에 두어야 한다. 한 번의 변화로 모든 것이 완료될 수 없다. 대학 졸업 이후의 배움은 이제 당연한 것이 되었다. 지속해서 배우고 성장하기를 권한다. 배우고 경험한 만큼 보이기 마련이다. 깨어있는 사고와 마음으로 유연함은 진로의 갈림길에서 당당한 선택을 할 수 있는 기반이 되어줄 것이다.

삶의 가치와 방향성을 설정한 이후에는 자연스럽게 어떤 일을 할까 고민이 된다. 책의 시작부터 끝까지 기록했다면 자신에게 맞는 진로를 선택하는 작은 빛을 발견하게 되었으리라 생각한다. 모든 독자가 세상의 기준에 따른 잘나가는 직업, 돈을 많이 버는 직업보다 내가 찾아낸 나의 기준에 따라서 내가 좋아하고, 가치 있게 여기는 영역의 일을 선택하여 즐겁게 일하며 살기를 꿈꿔 본다.

진로를 고민하며 여러 사람을 만나게 되었다. 사람들을 만나는 과정에서 능력 있는 사람들을 보며 저 사람처럼 되고 싶다고 생각하기도 했다. 누군가의 삶이 굉장히 멋있어 보이고, 그것이 꼭 정답인 것처럼 그 사람만 따라 하면 모든 것을 이룰 수 있을 거라고 생각하기도 했지만 똑같은 방법으로 배우고 적용하고 성장한다고 해도 같아질 수 없다는 것을 점점 깨닫게 되었다. 수 많은 길 중 하나의 길일 뿐 그것만이 정답은 아니었다. 똑같은 방법으로 똑같은 길을 간다고 해도 그 사람과 나는 가지고 있는 강점이 모두 다른 사람이다. 똑같은 방법을 사용한다고 해도 결과는 다를 수 있다는 것을 알아야 한다. 나만의 방법과 속도를 찾는 것이 가장 중요하다. 그것을 도울 수 있는 멘토와 동료가 있으면 더할 나위 없이 든든하다. 누구와 같아질 필요도 없고, 누군가처럼 될 필요도 없다. 가장 중요한 것은 나의 생각과 선택으로 이루어진 삶을 내가 살아가는 것이다. 그 과정에서 결과물들은 자연스럽게 만들어질 것이다. 진로를 위해서 자기 탐색을 하고, 성장을 위해서 배움에 힘쓰고 자기 관리를 위해서 건강, 시간 등을 관리하는 것 모두 중요하다고 여겨지지만, 그 밑바탕에는 나의 생각과 선택이 가장 중요하다. 성장을 통한 결과도 직업도 벌어들이는 수입보다도 나의 즐거움이 유지되는지 생각해보자. 즐거운 일을 찾아야 오래 유지할 수 있다. 이제, 누군가를 위한 삶보다는 나를 위한 선택을 시작할 때다. 성장도 성공도 결국 나로부터 시작된다는 사실을 기억하자. 흔들림 속에 찾아온 기회를 반갑게 맞이하며 두렵지만 시작을 위한 길을 향해 한 걸음 내딛어 보기를 바란다.

책을 쓰면서 이 글이 독자들에게 닿아 조금이나마 도움이 되기를 바랐다. 하지만 원고를 다듬는 과정에서 책의 큰 수혜자는 나라는 것을 알게 되었다. 책은 나에게 가장 나답게, 나다운 모습으로 단단해지라고, 그 마음을 깊이 새겨 넣으라고 말하고 있었다. 흔들림은 언제든 찾아오겠지만 그 흔들림을 과정으로 여기며 기꺼이 감당하고 성장하는 여정을 지속하려고 한다. 나와 같은 마음으로 스스로가 선택한 성장의 길에선 이들과 즐거운 동행자로 만나 서로를 응원하기를 기대해 본다.

다시 시작하기엔
너무 늦었다고 말하는 마흔에게

더 멋진 삶을 위해 진로 고민은 진행형

초판 1쇄 인쇄 2022년 1월 7일
초판 1쇄 발행 2022년 1월 17일

지은이 진희선

펴낸이 이준경 펴낸곳 (주)영진미디어
편집장 이찬희 책임편집 김한솔 편집 김아영
책임디자인 정미정 디자인 김정현 마케팅 양지환

출판 등록 2011년 1월 6일 제406-2011-000003호
주소 경기도 파주시 문발로 242 3층
전화 031-955-4955 팩스 031-955-4959
홈페이지 www.yjbooks.com 인스타그램 @youngjin_media
ISBN 979-11-91059-24-3 03320
값 16,000원